民革前辈纪念场馆系列丛书

程潜与长沙白果园公馆

民革中央宣传部 编

团结出版社
·北京·

© 团结出版社，2024 年

图书在版编目（ＣＩＰ）数据

程潜与长沙白果园公馆 / 民革中央宣传部编 . -- 北京：团结出版社，
2024.11.
ISBN 978-7-5234-1374-6

Ⅰ . K827=7

中国国家版本馆 CIP 数据核字第 20246F1F27 号

责任编辑：韩　旭
封面设计：阳洪燕

出　　版：团结出版社
　　　　　（北京市东城区东皇城根南街 84 号　邮编：100006）
电　　话：（010）65228880　65244790（出版社）
　　　　　（010）65238766　85113874　65133603（发行部）
　　　　　（010）65133603（邮购）
网　　址：http://www.tjpress.com
电子邮箱：zb65244790@vip.163.com
　　　　　tjcbsfxb@163.com（发行部邮购）
经　　销：全国新华书店
印　　装：三河市东方印刷有限公司

开　　本：170mm×240mm　16 开
印　　张：13.25　　　　　　　字　数：178 千字
版　　次：2024 年 11 月　第 1 版　印　次：2024 年 11 月　第 1 次印刷

书　　号：978-7-5234-1374-6
定　　价：56.00 元

丛书编委会

名誉顾问： 万鄂湘

总 顾 问： 郑建邦　何报翔

顾　　问： 李惠东　谷振春　陈星莺

主　　编： 刘良翠　邵丹峰

执行主编： 刘则永

执行编辑： 金绮寅

序

万鄂湘

"民革前辈纪念场馆系列丛书"即将陆续出版，这是民革自身建设中一件很有意义的事。

首先，它开辟了民革党史宣传的新途径，为民革党史宣传提供了新的资料和素材。顾名思义，"民革前辈纪念场馆系列丛书"由与民革前辈纪念场馆内容有关的一系列图书组成。这里的"民革前辈"，包含了民革60多年历史中，为民革的创立、发展，为民革在新民主主义革命和社会主义革命、建设、改革开放作出独特贡献的过程中发挥重大作用和影响的民革老一辈领导人和著名人士。他们有的早年就为孙中山先生的理想和精神所感召，追随中山先生为推翻专制、建立共和而忘我奋斗；有的在中国共产党领导下，为国家独立解放和中华民族伟大复兴事业，作出了历史贡献。其人其事，足以彪炳史册，其精神风采，足以为后人楷模。

民革前辈纪念场馆是民革前辈一生事迹的实物见证，是宝贵的政治资源、文化遗产，是传承爱国主义精神、宣传多党合作的重要载体，是联结海峡两岸、全球华人的精神纽带。为了更好地推动民革前辈纪念场馆之间的交流，推动纪念场馆保护利用不断深入，2011年10月，民革前辈纪念场馆联谊会在朱学范主席的家乡上海市枫泾古镇成立。此后，民革中央提出了编辑出版"民革前辈纪念场馆系列丛书"的设想，相关部门着手拟定编写方案、申请出版资金、物色合适的作者。丛书的编写工作逐步展开，拟把众多民革前辈中有一定社会影响、其故居等纪念场馆又保存较为完好、社会影响较大的编辑成书，呈现给广大的读者特别是广大民革党员干部，提供一本特色明显的民革党史、多党合作历史学习读物。

其次，它创造了民革党史宣传的新形式，集人物传记、故居介绍及相关文章于一体，内涵丰富、文笔生动、图文并茂，便于广大读者接受。近年来，民革中央先后编辑出版了《中国国民党革命委员会60年》《民革领导人传》《民革与新中国的建立》《民革前辈与辛亥革命》等党史图书。本丛书与此前党史图书的不同之处，在于其将人物传记、故居介绍及相关文章有机地融为一体，形式别具一格，并配有大量的图片，合乎新形势下读者的阅读习惯和心理，体现了与时俱进的时代特色。

再次，它从一个侧面宣传了多党合作的必然性、独创性和优越性。本丛书注重描述民革前辈及纪念场馆与民革历史、多党合作历史有关的内容，选择了已发表的相关文章，互相呼应，从不同角度、侧面展现了民革、多党合作的发展轨迹，角度独到，立意深远。

中国共产党第十八次全国代表大会胜利召开，为全国各族人民指明了前进的方向，吹响了民族伟大复兴的集结号。2013年，习近平总书记在主持中共中央政治局第七次集体学习时强调，历史是最好的教科书。学习党史、国史，是坚持和发展中国特色社会主义、把党和国家各项事业继续推向前进的必修课。希望本丛书的出版，能够起到宣传民革前辈爱国革命事迹、弘扬民族精神、引导包括民革党员干部在内的最大多数的群众共同致力于中华民族伟大复兴的中国梦的作用。也希望广大民革党员干部以习近平总书记的重要讲话精神为指导，静下来多读些书，下一番功夫，学好民革历史，学好中共党史，学好国史，不断增强自己的个人学养，增强对中国特色社会主义的道路自信、理论自信、制度自信。

2013 年 6 月

（作者系全国人大常委会副委员长、民革中央主席）

目 录
CONTENTS

程潜（1882.3.31—1968.4.9），字颂云，湖南醴陵人。同盟会会员、国民党元老、中国共产党的忠诚朋友、民革卓越领导人、诗人。

清末秀才，日本陆军士官学校第六期毕业，国民革命军陆军一级上将。曾任湖南都督府参谋长、湖南都督府军事厅长、护国湘军总司令、湖南护法军司令、非常大总统府陆军次长、广东大本营军政部部长、国民革命军第六军军长、国民政府军委会参谋总长、第一战区司令长官、天水行营主任、国民政府军委会代参谋总长、武汉行营主任、长沙绥靖公署主任兼湖南省政府主席等职。1949年8月，和陈明仁率部通电起义。新中国成立后，曾任中央人民政府委员、中央人民政府人民革命军事委员会副主席、国防委员会副主席、湖南省人民政府省长、民革中央副主席、全国政协常委、全国人大常委会副委员长等职。

一、少年秀才，青出于蓝

1882年3月31日（清光绪九年二月二十三日），程潜出生于湖南省醴陵县北乡长连冲村的一个耕读世家。祖父程兰林，祖母王氏。父亲程若凤，母亲钟氏。钟氏生子女五人，三子依次取名：衣庆（吉如）、衣斯（昭如）、潜（月如），两女名为：德贞、细贞。程潜在兄弟姊妹中年龄最小。

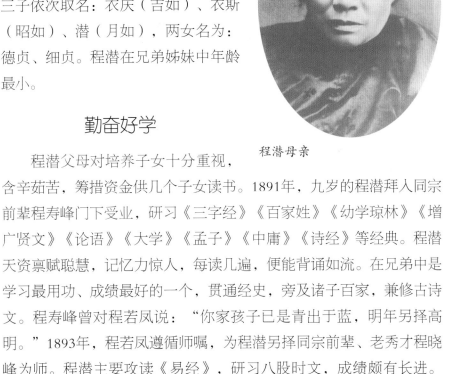

程潜母亲

勤奋好学

程潜父母对培养子女十分重视，含辛茹苦，筹措资金供几个子女读书。1891年，九岁的程潜拜入同宗前辈程寿峰门下受业，研习《三字经》《百家姓》《幼学琼林》《增广贤文》《论语》《大学》《孟子》《中庸》《诗经》等经典。程潜天资禀赋聪慧，记忆力惊人，每读几遍，便能背诵如流。在兄弟中是学习最用功、成绩最好的一个，贯通经史，旁及诸子百家，兼修古诗文。程寿峰曾对程若凤说："你家孩子已是青出于蓝，明年另择高明。"1893年，程若凤遵循师嘱，为程潜另择同宗前辈、老秀才程晓峰为师。程潜主要攻读《易经》，研习八股时文，成绩颇有长进。1894年，程晓峰在离程家十多里的南竹坡开馆授业，程潜前往学馆寄宿就读，学习《礼记》，并作时文。这年7月，适逢甲午中日战争爆发，清朝惨败。程潜闻恩师所述，幼小心灵深感激愤。1895年，程潜继续在馆修学《礼记》《春秋》。1896年2月，程潜应考醴陵县童生落选。6月，程潜赴省城长沙应考院试落选。程潜索性盘桓省城数日，偕友同游贾太傅祠、定王台、天心阁等胜迹，尤增爱国情怀，回家后益发愤读书。

负笈湘潭

适有族伯程吉华移居湘潭，交游甚广，称其友赵璧博学能文、藏书万卷，可以为师。11月初，程潜遵从父命，由长兄陪同，负笈湘潭拜师赵璧，朝夕攻读经史子集，得门而入。1897年，湘潭县聘请主讲衡阳船山书院的旷代儒宗、著名经学家、文学家王闿运兼长昭潭书院。王闿运（1833—1916），字壬秋，号湘绮，湘潭县人，举人出身，曾肋仕协办大学士肃顺家庭教读、曾国藩幕宾、成都尊经书院及长沙思贤讲舍等主持、晚清翰林院检讨等，后辞归在家乡湘绮楼讲学授徒。其师赵璧对王闿运十分尊崇，程潜便随恩师附名昭潭书院应课。程潜的课艺时文，曾得到王闿运的细致评点，获益匪浅。

1898年春，赵璧延聘名儒朱存性教读其侄。朱存性善于博论，尤工诗词。程潜与之交谊，深受影响，习作五古，乃至终生酷爱。时维新变法方兴未艾，程潜十分喜读湖南维新派时务学堂分教习谭嗣同创办、熊希龄主笔的《湘报》，亦关注梁启超所办《时务报》，渐趋维新变法。

列名岳麓

1898年6月，程潜赴省城长沙应试，以《先知论》一举名列黉宫，考中秀才。9月，慈禧太后发动政变，屠杀六君子、囚禁光绪帝，戊戌变法失败。程潜十分推崇六君子之首谭嗣同，视为楷模，立志效法救亡图存。1899年2月，程潜赴省入城南书院就读。城南书院在长沙南门外妙高峰下，全院可容四百多人。当时省城有岳麓、城南、求忠等几大书院，以岳麓山下岳麓书院为最，院舍能容纳千余人。每年春2月学生入院，由巡抚考试，谓之甄别。取录时有正课、副课、额外之分。

甄别后，入学谒圣拜师，礼极隆重。月应官课，由藩县督学粮盐道分担，最后巡抚收课。程潜认为，书院学制如此简单，不能造成出类拔萃之才。时有城南书院上年同榜肄业者杨策，爱读孙吴兵法和诸葛亮心书，和程潜志趣相合，因此交往甚密。其间，程潜拜留心时事的学者曹毅亭为师，学习阳明学说。王阳明的"致良知"和"经世致用"之说对程潜影响至深，奉为人生圭臬。是年科举，程潜勉强应试。

二、忧国忧民，投笔从戎

甲午战争之后，帝国主义列强更加争相侵略欺凌中国，大肆强占租借地，划分"势力范围"，甚至叫嚣"干净利落地解决中国问题，由欧洲有关的几个主要国家加以瓜分"，掀起了瓜分中国的狂潮，中国面临亡国灭种的严重危机。

国难当头

1900年2月，湖南抚台照例甄别，程潜报名岳麓书院，考取正课生。5月后，程潜移居城内落星田鲁班庙，借机便向曹毅亭请教，庙中老僧常静佛学高深，指点其援释入儒亦可开朗心境。程潜从此有暇兼读佛学诸经。

是年春，中国爆发反对列强侵略的义和团运动。5月28日，英、美、法、德、俄、日、意、奥八国组成联军，以镇压义和团为借口，进

岳麓书院

攻天津、北京，慈禧太后和光绪帝逃往西安。8月14日，京城沦陷，八国联军所到之处，杀人放火、奸淫抢掠、洗劫一空，中国损失惨重。

1901年，程潜在岳麓书院住斋用功学习，亦常与同学议论时政、思索出路。8月29日，清政府诏令停止武科科举考试，于各省会设立武备学堂，以培养将才，练成劲旅。湖南最早的近代军事学堂，是戊戌维新时期湖南巡抚陈宝箴创办的湖南武备学堂，戊戌政变后停办。于是，湖南奉诏重开设武备学堂，程潜闻讯十分欣喜。

血性壮志

1901年，列强继续霸占北京城不走以要挟清廷、欺凌人民。经过多轮谈判，9月7日，清朝被迫与列强签订《中国与十一国关于赔偿1900年动乱的最后协定》（简称《辛丑条约》）。条约主要内容有：中国赔款4.5亿两白银（分39年还清，本息9.8亿两），划定北京东交民巷为使馆界并允许各国驻兵保护，清政府保证严禁人民参加反帝运动，清政府拆毁天津大沽口到北京沿线设防的炮台，允许列强各国派驻兵驻扎北京到山海关铁路沿线要地，惩办"首祸诸臣"等。《辛丑条约》是中国近代史上赔款数目最庞大、主权丧失最严重、精神屈辱最深沉、人民灾难最空前的不平等条约。中国完全沦为半殖民地半封建社会。

面对奇耻大辱，程潜痛心疾首，忧国忧民，一边苦读经史，一边以"血气男儿"自许自期，写下《壮志书》，列举鸦片战争以来中国的种种屈辱，表达了对清朝政治腐朽的愤懑，认为中国日益危亡，非有一种大变革不足以振奋人心，挽救前途。

投笔从戎

1902年春，程潜又取得岳麓书院正课。是年，其师曹毅亭主编《时事汇报》，对国内外情势了如指掌。程潜与其倾心交谈，眼界豁然开朗。程潜潜心研究英、俄、德、法、美、日诸国的政治、地理、历史，对中国经史亦研究不辍，各门功课都很好，考试非常顺利，到7

月间通过了5课。8月，程潜参加乡试，未能录取。

其间，程潜默察国内外情势，反复盱衡，决心投笔从戎，报考武备学堂，以谋救亡之路。自述理由：一是中国受列强侵略，有被瓜分的危险；二是中国传统政治腐败；三是八股之徒既无真学问，亦无真本领，未足与谋削平弥天患难。外洋留学研求学问亦无此资斧。反复思维，从今以后，决不再习举业，也不应科举。唯有弃文就武，投考武备学堂。

请求亲试

1903年2月春节过后，程潜赶考湖南武备学堂，始知武备学生须由各县按学额比例申送，不能自由投考。程潜急迫之下，直接上书时任湖南巡抚赵尔巽，恳切陈词："鉴于国家外患内忧，纷至沓来，报国心急，愿弃文学武，以尽匹夫之责，绝非希图个人功名利禄，为此突报，请求亲试，送堂学习。"

赵尔巽阅完程潜上书，当即批示："生之志可嘉，不必破章求考。醴陵距省非遥，回籍申送，果能合格，自当录取，以符定章。"

程潜奉批速回醴陵，请求备文申送。县知事张致安欣然允许，再经考试公允录取程潜和唐赞宸、文标、肖昌炽4人，破例赠每人川资6元，旋即备文送省。经过抚院考试，程潜以第一名的成绩考入新的湖

湖南武备学堂

南武备学堂，校址在长沙小吴门外大校场旁。4月初正式开学授课。学习内容包括内场和外场两部分：内场有汉文、日文、算学、伦理学、军制学、战术学、城垒学、地形学等22门；外场有体操、马术、剑术、步操、炮操、工程等6门。程潜学习刻苦用功，年终考试，各科各门均名列前茅。

三、革命同盟，新军参谋

1904年2月，日本、俄国为争夺朝鲜半岛和中国东北地区的势力范围，在辽东半岛和朝鲜半岛一带海域戕害当地人民。日本最终取胜，一举跨入世界列强的行列。日俄战争期间，腐朽无能的清政府竟然宣称中立。程潜奋笔撰文，悲愤控诉。

东渡扶桑国

为编练新军，清政府在北京设立总理练兵处，具体主持各项军务。1904年7月，清朝总理练兵处令各省督府选派武备学生送京考试，派遣赴日留学陆军。8月初，程潜等乘海轮由武汉经上海赴京应考，考取公费留学日本资格，受派赴日本学习军事。

程潜（左）在日本留学时与雷崇修（中）、李烈钧（右）的合影

8月下旬，由监督赵理泰率队东渡日本。10月，程潜入东京振武学校，补习科学和日文，由此结识了黄兴、宋教仁、李根源、李烈钧等留学生，经常议论国是，探寻中国的出路，在传统民族主义思想上，走上了反清救国的革命道路。12月，程潜同黄兴、宋教仁、程子楷等百余人组织革命同志会，后曾任干事，从事民族革命。

加入同盟会

1905年8月20日，中国民主革命领导人孙中山、黄兴等在日本东京成立中国同盟会，以驱除鞑虏、恢复中华、创立民国、平均地权为宗旨，是近代中国第一个全国性的资产阶级革命政党，标志着中国资产阶级民主革命进入了一个新的时期，在中国政治和革命史上占有极为重要的地位。

10月8日，程潜由黄兴及同学仇亮介绍，宣誓加入中国同盟会："当天发誓，同心协力，驱除鞑虏，恢复中华，创立民国，平均地权。矢信矢忠，有始有卒，如或渝此，任众处罚。"几天之后，程潜到东京赤坂区灵南坂日人金弥宅，谒见孙中山，聆听革命讲演。程潜被孙中山的革命理想和人格魅力所折服，成为孙中山的忠实追随者。

1906年8月，程潜被分派到日军现代化甲种师团第十师团（因司令部驻日本兵库县姬路市，第十师团又称姬路师团）野战炮兵第十联队炮兵大队见习一年。

再入丈夫团

1907年3月，黄兴代理同盟会务之际，为避免中国留日学生中的同盟会员过多暴露身份，指示由黄郛、李烈钧等在东京组成"丈夫团"以资联络，名称取自《孟子·滕文公下》"富贵不能淫、贫贱不能移、威武不能屈，此之谓大丈夫"之意。"丈夫团"又称"铁血丈夫团"，后更名"丈夫成城团"。程潜加入"铁血丈夫团"，是29个主要成员之一。这29人后来在中国军政中都担当十分重要的角色。如：

黄　郛：浙江绍兴人，民国外交部长、教育部长、上海市长。

李烈钧：江西九江人，江西都督、讨袁军总司令、一级上将。

李根源：云南腾冲人，陕西省长、北洋政府农商总长、上将。

李书城：湖北潜江人，国民革命军总司令部顾问、农业部长。

赵恒惕：湖南衡山人，湖南督军、一级上将。

尹昌衡：四川成都人，四川都督、西征军总司令。

黄恺元：湖北宜昌人，陆军部军需局局长、讨袁军参谋长。

叶　釜：云南云县人，安徽讲武堂总办、护国军军长、上将。

温寿泉：山西洪洞人，陕西军政部长、参与北平和平谈判。

阎锡山：山西五台人，行政院长、国防部长、一级上将。

叶世中：天津人，北洋陆军部科长、少将。

刘洪基：直隶顺天人，广西陆军学堂督办、少将。

程子楷：湖南资兴人，湖南讨袁军第一司令、上将。

曾昭文：河南新县人，南京政府军需总监、少将。

耿觐文：湖北安陆人，总统府军事秘书长、少将参军。

李干璜：安徽寿州人，同盟会、丈夫团成员。

仇　亮：湖南汨罗人，陆军部军衔司司长。

陈　强：湖南常德人，军事参议院参议、少将。

殷承献：云南陆良人，云南军政府参谋长、上将。

袁华选：湖南新化人，军事参议院参议、中将。

姜登选：河北冀州人，四川军政府参谋总长、少将军长。

王孝缜：福建闽县人，国民政府中将参军、典礼局局长。

张　群：四川华阳人，国民政府外交部长、行政院长。

曾继梧：湖南新化人，湖南护国军第一军总司令、上将。

蒋作宾：湖北应城人，陆军部次长、安徽省主席、一级上将。

唐继尧：云南会泽人，靖国联军总司令、上将。

蔡　锷：湖南宝庆人，云南都督、四川都督、上将。

雷崇修：陕西周至人，陕西革命军东路军总参谋长。

同年12月，程潜考入日本陆军士官学校炮科学习，至1908年12月毕业，系统接受军事训练。程潜认真学习繁多而且复杂的各项课程，通过的课程有：战术学、战争史、军制学、武器学、射击学、航空学、筑城学、交通学、测绘学、马学、卫生学、教育学、军队教育、一般教育、外国语等。在日本留学期间，程潜一方面刻苦学习军事理论和军事技术，另一方面也特别注意考察日本的政治制度、社会教化、道德精神。

新军正参谋

1908年12月1日，程潜从日本陆军士官学校毕业。依照规定，应在原队见习6个月，接着按清朝留学规定，学成回国由总理练兵处考试再予授职。其时，程潜适得革命同志会好友、四川总督赵尔巽幕僚李钟奇的极力举荐，赵尔巽曾任湖南巡抚时就对程潜有知遇之恩和"立志可嘉"的赏识，立即电调程潜、姜登选、王凯成、舒和钧等4位留日学生一起入川训练新军，免考赴任。同时，程潜亦受同盟会总部委派担任同盟会长江上游联络员。12月上旬，程潜遂与姜登选、王凯成、舒和钧等人乘船回国，首抵上海，次经汉口，再过宜昌，24日继续西行，历秭归、越巫山，踏波蹈险，观景揽胜，一路溯江而上。

1909年元旦，程潜一行船到奉节，不数日抵达万县。1月12日，从万县步行出发，长途跋涉，30日到达四川成都。2月初，四川总督赵尔巽亲自接见程潜一行，寄以重托，委以重任，命程潜充四川陆军第三十三混成协（协统钟颖）正参谋官，王凯成任参谋处提调，舒和钧任教练提调，姜登选任混成协工兵营长，一起协力筹办训练新军。甫到成都，程潜邀集林修梅、杨瑾、季雨霖、舒和钧等革命同志秘密开会，共同研究拟定同盟会在四川的革命行动纲要：服膺三民主义始终不渝、稳步结合同志发展组织、切实把握军事实力应付事变、联络一切力量共策进行，为四川同盟会革命活动增添了力量。3月，清政府为镇压西藏分裂叛乱、加强对西藏治理和防御英帝国侵略，紧急电令四川省第三十三混成协协统钟颖率军西进，驻防拉萨。钟颖对程潜极为信赖，与之商量选派军队两千人编为三营与安排人事问题。程潜对入藏军队提出三条建议，钟颖深表赞许。4月，四川巡警道朱庆澜继任第三十三混成协协统，奉命扩军建镇，常问计于程潜。朱庆澜素称廉洁，虚心好学（后来是国歌《义勇军进行曲》的命名者）。程潜对他十分敬重，相处融洽，为之出谋献策。程潜草拟扩军成镇五项计划，皆由四川总督批准实施。11月，程潜被加委军械器材服装采购主任，携随员2人，负责购买枪炮器材军服的任务，并乘机到长江中下游联络革命同志。程潜在武汉见到湖北省第八镇统制张彪、陆军第二十一混成协协统黎元洪、文学社社长蒋翊武等，参观了汉阳兵工厂、观摩了湖北新军操演。12月到上海，在上海制造局、日本太平洋行等处定购大批军械军火。

1910年2月初，程潜特意慕名到南京考察新军第九镇军务，数日后再往上海。4月，程潜请假一月回湘省亲，拜见高堂双亲。6月，程潜回到成都仍任原职，积极筹办训练新军。

1911年2月，四川陆军第十七镇正式建立，朱庆澜为统制，程潜任该镇正参谋官。第十七镇下辖两协四标十二营，另辖一个骑兵标、一个炮兵标及一个工兵营、一个辎重营。协统、统带均同程潜联系密切。程潜倾其所学，积极协助朱庆澜统制开展新军的军事教育、战术训练、装备更新、纪律教育，卓有成效。

难观永平操

1911年5月9日，清政府宣布实行铁路国有政策，并随后于20日，与英、法、德、美四国银行团正式签订湖北、湖南两省境内粤汉、川汉铁路的借款合同，再借债筑路。士绅民众直批清廷卖国，瞬间点燃了爱国运动的导火索。湖南首先爆发保路运动，迅速影响全国。7月，四川的保路运动风起云涌，引发了程潜的深思。8月上旬，程潜接到父亲去世的电报，即请假奔丧料理后事，所担负的同盟会工作移交姜登选，17日从成都动身回乡。9月12日，程潜路经长沙，与湖南铁路学堂教务长、同盟会湖南支部会长、湘路公司协理文斐重逢，共商联络革命工作。接着，程潜回到醴陵家中，哭拜父考，安慰母亲。

9月下旬治丧刚毕，程潜就接到第十七镇统制朱庆澜的电报，委派他去北京为"永平秋操"观操官。"永平秋操"是1911年10月初清朝调集新军和"皇廷禁卫军"6万多人马，在直隶省永平府（今河北省卢龙县、秦皇岛市一带）首次举行的大规模军事演习，以期外树国际形象、内慑革命风潮。10月5日，程潜启程赴京观操，6日到长沙乘火车北上，7日到汉口，11日火车行至河南彰德听闻武昌起义爆发消息，12日到北京始知"永平秋操"已经停止举行。

四、投身革命，二次革命

1911年10月10日，具有划时代意义的武昌起义爆发，拉开了辛亥革命的大幕。辛亥革命埋葬了中国两千多年的封建帝制、开辟了民主共和的新道路，在中国历史上具有里程碑意义。

投身辛亥革命

1911年10月，程潜听闻武昌起义的消息后，决意奔赴武汉前线，为革命效力。时京汉线火车已经停止客运，程潜和程子楷等人参加革命心切，决定改道南下，于18日折转天津，21日搭货轮南下，28日到达上海。

经多方联络，程潜等于11月3日再偕邓希禹、黄子伟从沪乘船沿江西进，7日抵达战火纷飞的武昌。8日，程潜到汉阳昭忠祠革命军总司令部，见到革命军战时总司令黄兴和其他同盟会要员谭人凤、李书城、曾继梧等。

龟山炮战

程潜受黄兴之命，任龟山炮兵阵地指挥官，协助曾继梧指挥革命军炮兵团。龟山地势既高且险，是扼守汉阳的军事制高点。程潜慷慨受命，随即同曾继梧至龟山勘察阵地、选定炮位、设立指挥所。17日，程潜指挥龟山阵地炮兵向大智门前哨阵地轰击，激战一个多小时，掩护革命军步兵进攻。随后在近一个月的战斗中，程潜发挥所长，指挥革命军炮兵与北洋军展开了激烈的炮战，第一次经受了实战的洗礼，为支援和保卫汉阳发挥了重要作用。27日革命军汉阳保卫战失败后，程潜随军撤回武昌。

武昌起义后，湖北革命军民和湖南等省援军共数万人，与"围剿"的清军对垒，英勇奋战五十多天，付出巨大牺牲，为各地革命斗争赢得宝贵时间。其间，湖南、陕西、江西、山西、云南、浙江、江苏、贵州、安徽、广西、福建、广东等12个省区相继响应湖北武昌起义，宣布脱离清政府统治。

湖南整军

12月，程潜根据黄兴的命令返回湖南，宣传发动革命力量，并担任湖南都督府军事厅参谋官。此前10月底，正在湘乡中学求学的毛泽东深受革命演说的鼓舞，决定放弃学业，投身革命洪流，报入湖南新军第二十五混成协第五十标第一营左队当列兵。程潜回湘后，带着武昌首义的征尘，深入长沙新军各营房与官兵促膝谈心。程潜和毛泽东的人生轨迹，第一次有了重合。新中国成立后毛主席尊称程潜为"老上司"，即源于此。

1912年1月1日，孙中山在南京就任中华民国临时大总统，黄兴任陆军总长。2月12日，清朝皇帝溥仪逊位。辛亥革命是一次比较完全意义上的资产阶级民主革命，建立起亚洲第一个资产阶级民主共和国。3月10日，袁世凯在北京就任中华民国临时大总统。同时，程潜任湖南都督府参谋部长，协助谭延闿裁军整训。

参加国民党

1912年8月11日，经孙中山、黄兴电示同意，宋教仁在北京组织同盟会、统一共和党、国民公党、国民共进会、共和实进会五个政党、团体，就合并为国民党一事达成协议，并发表《国民党宣言》。8月25日，国民党成立大会在北京召开，选举孙中山、黄兴、宋教仁、王宠惠、王人文、王芝祥等人为理事，选举孙中山为理事长，孙中山旋即委任宋教仁为代理理事长。8月底，湖南同盟会党人奉北京国民党总部通知。9月下旬，国民党湖南支部正式成立，除了一部分同盟会成员参加以外，大量吸收了原辛亥革命派与立宪派，混合成为一体。推选谭延闿为支部长、仇鳌为副支部长，陈嘉佑为军务主任、程潜为军务副主任。

10月31日，黄兴回到长沙，全省各大中城市居民欢欣鼓舞，长沙举行了盛大的欢迎会。黄兴主张：革命党人应该团结一致，政治上展开民权运动，经济上振兴实业，教育上培养人才，多派学生赴欧美留学，军事上训练一支新军，并推荐张孝准任军事厅长。至于训练军队，同盟会的同志都寄希望于程潜。但程潜和孙中山、黄兴等人一样认为：推翻了清王朝，共和政体已成，今后所急宜进行者在兴办实业。程潜乃积极和黄兴、宋教仁、谭延闿等人，先后发起成立了中华汽船有限公司、五金矿业公司等，发展民族资本主义经济。12月26日，程潜被中华民国政府授陆军少将并加中将衔。

响应二次革命

1913年年初，国民党在宋教仁带领下，在全国参议院与众议院选举中，皆获得最多席次，成为参、众两院最大政党。3月13日，长沙发生退伍军人围攻都督府事件，退伍军官以兵目易堂龄为首，假反对张孝准为名，运动少数巡防部队，围攻都督府。程潜建议处理办法：拘禁主谋，其余一概不究。一场弥天风波归于平息，湖南军事厅长张孝准辞职。15日，程潜接任湖南军事厅长。上任伊始，首先成立两团，严格挑选干部，加强军事训练，以作楷模。

3月22日，主张政党内阁制的国民党代理理事长宋教仁在上海遭暗杀身亡。以孙中山为首的一些国民党人士认定刺宋的幕后指挥者是袁世凯，号召武装讨袁。主张在法律层面替宋教仁讨公道的黄兴等人，也不得不与孙中山保持一致。国民党人任都督的

宋教仁

江苏、安徽、上海、湖南、福建、四川、广东等南方数省先后宣布独立，"二次革命"爆发。

4月，黎元洪派金永炎、程守箴来湘，劝说程潜不要反袁，并许以高官厚禄，遭到程潜严词拒绝。程潜愤慨宋氏被杀，洞察时势，抓紧时间扩充军队，训练备战，积极响应"二次革命"。

7月25日，湖南都督谭延闿、军事厅长程潜等宣布湖南独立，集中力量援助湖北。袁世凯下令缉拿惩办湖南"叛乱"首犯程潜及附逆程子楷、陈强、唐蟒等人。此时，李烈钧、林虎赣军战局失利，8月8日南昌失陷，程潜急派兵接应李、林二人率残部入湘。13日，谭延闿宣布湖南独立取消，程潜被褫夺军权。程潜一面设法保护同志离湘，一面迅速办理移交手续。8月底，程潜离湘赴上海，尔后于10月底流亡日本，入早稻田大学攻读政治经济科。9月1日，各地宣布取消独立，"二次革命"宣告失败。11月4日，袁世凯宣布解散国民党。

入党誓约之争

"二次革命"失败后，流亡日本的孙中山深切感到：国民党内部思想混乱，组织严重不纯，已不能领导革命继续前进。1913年9月27日，孙中山将国民党改组为中华革命党，亲自拟定入党誓约，规定入党者需绝对服从其领导，无论资格多老，皆需重立誓约，加按指印以示效忠。

1914年7月8日，中华革命党成立大会在日本东京举行，推选孙中山为总理。7月，程潜参与商议成立中华革命党。因和黄兴等人反对以立约按指印宣誓效忠个人的方式而未加入，但仍服从孙中山的领导。同月28日，第一次世界大战爆发。8月，以黄兴为名誉主席，程潜和李根源、李烈钧、熊克武、钮永建、陈炯明、邹鲁、陈独秀等一部分未参加中华革命党的国民党元老，在日本东京组织"欧事研究会"，宣言研究欧事，以"缓进"方针坚持讨袁的政治主张和斗争策略。程潜任"欧事研究会"干事。

五、护国护法，哀黄悼蔡

1915年2月11日，程潜与李根源、林虎、熊克武、张孝准等人发表通电，坚决反对袁世凯签订的日本帝国主义妄图灭亡中国的"二十一条"。

参加护国战争

1915年10月11日，程潜与李根源从日本横滨乘邮轮启程回国促进反袁运动，11月5日到上海，说服杨玉鹏、廖湘芸回湘西宝庆（今邵阳市）组织反袁力量。

12月12日，袁世凯宣布接受帝位，推翻共和，复辟帝制，改中华民国为"中华帝国"。袁世凯复辟帝制这种倒行逆施的行为，激起全国人民的强烈反对。

12月25日，蔡锷、唐继尧、李烈钧等在云南向全国发出通电，宣布反对袁世凯复辟帝制，要求维护民主共和国体，组织护国军武力讨伐袁世凯，从而拉开了反袁护国战争的序幕。护国军经过3个月的浴血奋战，终于迫使袁世凯宣布取消帝制，恢复民国，避免了中国历史上的一次大倒退，蔡锷被誉为"护国元勋"。

1916年1月27日，程潜应蔡锷之请抵达云南昆明，正式参加反袁护国战争。

扬旌桑梓

1916年2月1日，唐继尧任命程潜为护国军湖南招抚使，率一营兵力启程回湘。湖南督军汤芗铭是袁世凯的亲信，积极筹备"剿灭"护国军的行动。2月23日，程潜到达贵阳面见贵州省都督兼省长刘显世。

3月7日到达镇远，11日由镇远启程，到湘黔交界处的新晃县，拜访了护国军东路支队司令王文华。23日，程潜由新晃县出发，向靖县行进，经天柱县于25日抵达靖县，召集旧部策动反袁驱汤，兵力很快就扩充至3个旅。4月10日，湘西地区除常德、桃源、沅陵、辰溪、古丈、麻阳6县因驻有袁军未能响应外，其余21县都已宣布独立，反帝反袁。26日，程潜在靖县召开护国军湖南人民讨袁大会，被48县代表推举为护国军湘军总司令，授予讨逆职权，28日宣誓就职，宣布湖南独立。5月3日，程潜率部从靖县开拔，路经绥宁、城步、武冈，沿邵潭公路急速进军长沙，22日抵达湘西南重镇邵阳。汤芗铭气急败坏，派刺客刺杀程潜和已率兵入湘的广西都督陆荣廷。5月下旬，程潜活捉刺客，押着刺客亲往衡阳拜访陆荣廷，得到陆荣廷一个炮兵营和四个步兵营的支援。

6月3日，程潜离开邵阳，5日抵达湘乡。6日，程潜通过湘乡电报局获得袁世凯暴亡消息，撰写判词。汤芗铭见势不妙，突然宣布湖南"独立"，将所部改称"护国湖南第一军"，以曾继梧为军长，与程潜对峙。10日，程潜率部开到宁乡道林一线，将汤芗铭部围困在长沙、湘潭之间。15日，程潜移驻湘潭布防，发出"护国军湖南总司令程潜布告汤芗铭罪状"。

7月1日，程潜率军进逼长沙激战于道林，汤部官兵倒戈。4日，汤芗铭仓皇逃离。6日，程潜率军进入长沙，取消了曾继梧自称的代理都督之职，全湘底定，程潜一时颇负盛名。湖南军政各界举行联合会议，一度推举程潜为湖南都督，程潜一再逊让。7日，省内各界代表推举刘人熙为湖南都督，力拒北京任命的湘督陈宧。程潜义旗高举，诗兴即发，作《季夏至长沙作》：

夷羿席雄势，残毒除异己。作意贼人群，积谋纂国纪。

义旗举天南，我行越万里。受命抚一方，扬旌返桑梓。

倡率资风声，应和走遐迩。辰沅首归仁，衡永旋同轨。

来苏父老欢，箪壶集军垒。偕亡怨昏虐，争取逐奸宄。

元凶骤尔亡，彼狂失所恃。挥戈不终朝，雪我三年耻。

这也是程潜后来收入《养复园诗集》的第一首诗。

8月3日，北京国民政府特任谭延闿为湖南省长兼署督军。然而，各派政治势力纷争。程潜所部因缺乏粮饷与友军发生冲突。谭延闿以此为借口裁撤程潜所部。18日，程潜被迫取消护国军湖南总司令部，所部交谭延闿整编，自己愤然辞职离湘赴沪。

12月1日，程潜因"讨袁驱汤"中的突出功勋，被北京国民政府授为陆军中将。

诔纪黄兴

1916年10月31日，辛亥革命元勋黄兴在上海病逝。黄兴（1874.10.25—1916.10.31），原名轸，后改名兴，字克强，一字廑午，号庆午、竞武，湖南长沙人。中国近代民主革命家、辛亥革命先驱和领袖、中华民国的创建者之一，时人以"孙黄"并称孙中山与黄兴。曾历任华兴会会长、同盟会庶务、多次反清武装起义指挥、湖北战时革命军总司令、南京临时政府陆军总长、南京留守、讨袁总司令等职。

黄兴病逝后，孙中山领衔成立治丧委员会，程潜和唐绍仪、章太炎、胡汉民、廖仲恺、汪精卫、于右任、李烈钧、陈炯明以及各省代表、华侨领袖等99人为治丧委员会委员。程潜前往设于上海福开森路393号黄宅灵堂吊唁，参加治丧事务。12月20日，程潜出席黄兴追悼会，于灵前行礼致哀，恭听孙中山宣读祭文。程潜沉痛哀悼革命元勋黄兴的逝世，写下诗联痛挽。

挽黄兴联：

公真不淫不移不屈大丈夫，春申霾耗遥传，把剑几回伤往事；

我痛立德立功立言多前辈，华夏共和再造，投笔两次愧前驱。

黄兴

《黄克强先生挽诗》：

天地久横溃，明哲回世屯。所志惟胞与，于心绝垢尘。

萍浏始发皇，钦廉历苦辛。广州奋威武，阳夏会风云。

江表新建国，胡运自兹泯。功成谢轩冕，长揖居海滨。

雄奸图篡窃，快意肆凶残。南风偶不竞，百谤一身攒。

幽燕集氛滠，劝进饰妖言。义旗扬六诏，景泰终复申。

首恶虽自毙，余孽尚逞顽。公从海外归，元元有欢颜。

忽然梁木坏，宇内共悲叹。嗟予随雁行，雅范凤相亲。

驱虏参谋议，讨逆预阻艰。眷怀失楷模，沉痛摧肺肝。

道行殆由命，形灭付之棺。存殁数所系，夭寿人无权。

德音犹在耳，神理初未捐。作诔聊纪哀，投笔泪潺湲。

悲歌蔡锷

　　讵料黄兴才逝，1916年11月8日，"护国元勋"蔡锷又病逝于日本福冈医院。蔡锷（1882.12.18—1916.11.8），原名艮寅，字松坡，湖南邵阳人，民国初年著名的政治家、军事家、民主革命家。曾任云南临时革命总司令、大中华云南军都督府都督、全国经界局督办、护国军第一军总司令、四川督军兼省长等职。11月28日，总统黎元洪令追赠蔡锷陆军上将。12月5日，蔡锷灵柩抵沪，暂厝于蜀寓公所。13日、14日两日在沪设灵致祭，程潜亦前往吊唁。

　　旬日之内，湘籍巨星接连陨落，程潜悲痛不已，亦致挽蔡锷联诗。

　　挽蔡锷联：

　　郎君卓荦旧同仇，怆怀岳麓风凄，十九年来寒宿草；

　　国事艰难吾亦倦，回首乡关云黯，二千里外致生刍。

蔡锷

23

《蔡松坡将军挽诗》：

痰疾不可医，荣华遂长已。我凭故人棺，泪落何能止。

念昔革命时，公适在南纪。登坛群彦集，拔帜异军起。

滇黔数百城，反正未移晷。俄然腥羶主，闻风解其玺。

功成恶施伐，端己绝尘滓。党论徒嚣嚣，片言肯污耳。

彼哉篡窃徒，勋业自摧毁。舜禹事如戏，韩彭谬相拟。

吾钦智勇人，微行聊用诡。江海万里路，一夕入军垒。

走也同心期，东归先举趾。讨逆独大惊，首义四方喜。

一呼山可撼，三战魄终褫。秽浊悉荡除，重见天月美。

高名满人口，大事载国史。长歌侑清酒，魂兮倘来只。

黄兴、蔡锷两位元勋有功业于国家、精神焕于民族，虽生未同岁，死却同年。12月18日，北京国民政府制定中国近代史上第一部《国葬法》。22日，黎元洪发布大总统令："国会议决故勋一位、陆军上将黄兴、蔡锷，应予举行国葬典礼，著内务部查照《国葬法》办理。"1917年4月12日、15日，民国政府先后在湖南长沙岳麓山为蔡锷、黄兴举行了隆重的国葬典礼。

参加护法

护国战争结束后，中国仍是军阀混战的境地。段祺瑞担任国务总理后公开宣布"一不要约法，二不要国会，三不要总统"。1917年8月25日至9月1日，孙中山召集原国会部分议员在广州举行"非常国会"，决定在广州成立护法军政府，选举孙中山为海陆军大元帅，陆荣廷和唐继尧为元帅。10日，孙中山宣誓就职，出兵北伐，护法战争爆发。

9月，程潜受孙中山之命回湖南联系旧部护法。9月18日，在程潜授意下，衡宝、零陵两镇守使林修梅、刘建藩宣布独立。9月25日，程潜只身抵达衡阳。10月6日，湘省护法军各路将领齐集衡阳，决定组织"湘南护法军总司令部"，公推程潜为总司令。随后程潜率两师一旅湘军与王汝贤、傅良佐统率的北洋军在湘潭、衡阳之间的西起月牙坳、东至萱州河一带，展开激烈作战。由于护法军实力单薄渐趋失利。10月11日，程潜亲赴萱州河前线督战，遇到第一师一个整团向南退却，程潜当机立断，严令不许撤退，重申军纪，依险要地形就地构筑工事，顽强阻击八昼夜，终于挫败北洋军进攻，渐成胶着对峙局面。程潜跃马南岳，登极纵目，以诗《纪湘南护法之役》：

> 大盗何时止，生灵困涂炭。羿死淫慕凶，卓亡催氾乱。
> 联军起南纪，相与申国宪。视听秉民意，忠贞摧虐慢。
> 尸横祝融麓，血染萱洲涧。前军告矢绝，秋霖获天顺。
> 惨澹偏师捷，虎狼中夜遁。飞箭逐窜逃，气类由兹奋。

就任省长

10月20日，谭浩明就任"两广"护法湘粤桂联军总司令，率部北上入湘支援。程潜所部得知后倍加奋勇，湖南局势立变，南北战争全面爆发。30日，程潜一举收复邵阳，将商震全旅缴械，北洋军败退，程潜即令各部乘胜日夜追击。11月11日，程潜入衡州，很快推进到湘潭、株洲一线。

11月14日，北洋的湖南督军傅良佐、代理省长周肇祥逃离长沙。其时，省城长沙及四周秩序大乱，北洋军三五成群，公开奸淫掳掠，乘机捣毁讲武堂及大公报等处。16日，程潜入主长沙，立即采取紧急措施，恢复社会秩序。22日，湖南各界代表会议公举陆荣廷为湘粤桂巡阅使，谭浩明为湖南督军，程潜为省长。23日，程潜通电就任省长。但桂系谭浩明意欲将湖南收入囊中，自恃人枪众多，表示不满，电令程潜"勿得擅自建立，致涉纷歧"。谭延闿在上海闻讯，公开反对程潜任省长。程潜鉴于北洋大敌当前，顾全大局，电促谭浩明即日来省城长沙主持。12月8日，程潜自解省长之职，改称护法军湘南总司令。12月12日，谭浩明到达长沙，宣称"暂以联军总司令兼摄军民两政"。同日，程潜率联军所部从长沙移驻湘阴新市，积极从事部队的整理补充，准备进攻被北洋军占领的岳阳。

苦战北军

湘粤桂护法联军占领长沙后，桂系只想划地自保，引起了护法军政府的不满。桂系无奈，只得同意夺回湘北军事重镇岳州。1918年1月16日，谭浩明、程潜分路进兵岳州。19日，程潜率护法军兵分三路进攻北洋军，亲领第一师、第二师居中央，进取岳州要害白湖荡，经过5昼夜激战，克复被北洋军霸占5年之久的岳州。程潜登上岳阳楼，怀古抚今，吟成《岳阳楼远眺》：

衡嶷寺南纪，沅湘汇洞庭。居高临吴楚，从右肆纵横。

经涂延水陆，登楼望渟濙。余雾霭汉渚，积雪明江城。

汤汤翻逆波，洄洄阻前行。提挈八州卒，发轫万里程。

近瞩有深意，远观忘俗情。抚兹周地险，形胜所必争。

本来湘桂联军占领岳阳后即可乘胜推进，直取武汉。但谭浩明严令禁止程潜率军攻鄂。2月，北洋军则趁机调集曹锟、张敬尧、张怀芝、吴光新、张作霖等部合五十余万优势兵力，分5路卷土重来，而湘桂联军总计只约3.2万人，战线却绵延1千里，程潜仍尽力部署指挥据守，亲率湘军主力防守羊楼司正面。

3月1日，吴佩孚率5个旅攻击湘鄂赣边境军事要地羊楼司。程潜率部奋力苦战，死伤惨重，英勇战斗旬余，终以寡不敌众，13日羊楼司失陷，17日被迫撤离岳阳和平江。段祺瑞因此声势东山再起，22日重任国务总理。25日，北洋军吴佩孚部占领长沙，并继续南进，谭浩明率桂军退回广西。程潜虽剩孤军，仍集结于湘潭、衡阳之间继续抵抗，并力图对北洋军较弱方向反攻。27日，北洋军第7师师长张敬尧任湖南督军兼省长。

4月初，程潜在衡山召集赵恒惕、林修梅、刘建藩等将领举行军事会议，商定确保湘南的部署。决定由程潜、林修梅居中路，扼守衡阳，正面牵制北洋军主力吴佩孚的三个师，赵恒惕、刘建藩率湘军主力向东，扼守攸县、醴陵，抗击张怀芝部队。4月下旬，程潜、林修梅率部退守耒阳、郴州一带。刘建藩在攸县附近发起进攻，击败北洋

26

军，迭克攸县、醴陵，前锋逼近长沙。此时，刘建藩不幸进军过速，落水牺牲，导致战局突变，湘军转胜为败。程潜临危不惧，指挥湘军反攻，与北洋军在耒阳、永兴一线对战。在湘乡永丰之战中，双方鏖战10昼夜，伤亡甚重。程潜身先士卒，奋勇厮杀，终于击退北洋军。

5月，孙中山离粤赴沪；吴佩孚因段祺瑞委任张敬尧为湖南督军，心中不快，在衡阳屯兵不进，战事遂停。6月15日，程潜鉴于形势，遣代表在耒阳与北洋军签订停战协定。7月，谭延闿在桂军支持下进入湖南永州，任西南方面的湖南督军。9月26日、10月3日，程潜两次参与南北将领联名通电，请冯国璋速颁罢战命令、徐世昌勿就总统职。这时，程潜在郴州任湘军总司令，休整部队。北洋军阀派员来湘南拉拢程潜，为谭延闿方面设计拿获相关书信。程潜受到攻讦，百口莫辩，愤然发表通电，离开郴州出走广东韶关，与粤滇军总司令李根源相知，所部归师长赵恒惕统率。

六、追随总理，迭任总长

1919年，李根源卸职他调，程潜转道上海。在上海，程潜经常与孙中山聚会，过从甚密，回顾共同战斗的历程，总结失败的经验教训，求索革命的出路。10月10日，孙中山在上海将中华革命党改组为中国国民党，并任总理。程潜加入国民党，经常跟孙中山议论国是，进一步坚定了革命意志。程潜于1920年开始历任广东革命政府军政要职，直接追随孙中山开展革命斗争。

迭任总长

1920年10月底，援闽粤军攻占广州。11月28日，孙中山重回广州，次日与伍廷芳、唐绍仪联名通电，宣布恢复广州护法军政府，重开政务会议。12月8日，程潜任广州护法军政府陆军部次长，因总长陈炯明兼任粤军总司令，程潜实际代理部务，襄理戎机。

1921年4月7日，国会非常会议选举孙中山为中华民国大总统。5月8日，程潜任广州非常大总统府陆军部次长，代理部务。10月15日，挟粤军西征旧桂系胜利之势，孙中山由广州赴广西巡视，12月4日抵达桂林，组织北伐大本营，任命程潜为北伐大本营陆军总长，准备整军北伐。程潜以诗纪事《总理赴桂林整军北伐恭送纪盛》：

燕京乱无象，豺虎昼横行。秽浊扬清霄，水火厄生灵。

睿心隆拯溺，帷幄集群英。讲道析微妙，论理启精诚。

安攘夙具略，荡涤宜有营。整军选上游，伐暴备长征。

采纳及下怀，师出先正名。仁者自无敌，群丑安足平。

屡平叛乱

1922年3月21日，粤军总司令、广东省省长陈炯明主张联省自治，反对北伐，并阴谋叛乱。孙中山令北伐大本营迁广东韶关，并于4月免去陈炯明本兼各职，陈的部属叶举率主力回师广东。5月17日，程潜与居正受命，前往惠州与陈炯明谈判，欲劝阻其谋叛，经两个昼夜的劝说，陈炯明始稍有缓和。

6月6日，程潜去陈部探察，见将领云集，甲兵满堂，反情毕露，急忙归报孙中山，劝请其返回韶关，未允。16日，陈炯明所部在广州举行武装叛乱，指挥四千多人围攻大总统府，并炮击孙中山住处。危急时刻，程潜始终听从孙中山的命令，指挥军队在沙基等地与叛军激战，掩护孙中山脱险避难永丰舰。

8月8日，程潜登上永丰舰向孙中山报告战况，并随侍左右，坚持平叛，是孙中山得力的军事助手，时曰：文有居正、武有程潜。9日，程潜陪同孙中山转移英舰"摩轩号"赴香港，再由香港转去上海。陈炯明的叛乱，使孙中山的北伐计划受挫。程潜作《六月十六日观音山纪变》：

> 重阴霭层云，流火蒸亭午。比户闭门间，九衢绝商贾。
> 讹言数日起，吾宁畏强御。誓秉忠贞心，一死酬盟主。
> 入夜势益急，四面宣笳鼓。街术步伐声，汹汹失伦序。
> 祸起肘腋间，志在倾幕府。燕雀处堂坳，蛟龙悲失所。
> 求全全已毁，殉义义不许。平旦好音来，峯云凤高举。

9月22日，程潜奉命前往奉天与张作霖会晤。10月12日，程潜受孙中山之命，任讨逆军总司令，与李烈钧等人联手指挥粤、桂、滇、湘各军，大举征讨陈炯明。

总长军政

1923年1月16日，滇桂军进入广州。2月，广西靖国军总司令沈鸿英又图谋据粤。2月3日，孙中山在广东江门设立办事处。程潜奉命在江门抚慰粤军。不久，程潜迫沈鸿英出广州迎接孙中山返粤。2月21日，孙中山回到广州成立陆海军大元帅府。24日，孙中山给程潜发布训令。3月2日，程潜任孙中山广州陆海军大元帅大本营军政部部长，协助孙中山第三次在广州建立政权，负责筹划北伐大计。29日，程潜与朱培德联名致电各军长官，号召"凡我袍泽务本大元帅和平统一之旨，以与国人进谋福利之道"。4月16日，桂军总司令沈鸿英叛变进攻广州，图谋作乱。程潜即率第一师、第三师进驻江门，平定了叛乱。

5月8日，粤军总指挥叶举乘沈鸿英叛乱之机，分兵三路进攻广州，洪兆麟部也在潮汕地区响应，东江前线告急。20日，程潜临危受命为广东东江讨贼军总司令，率领滇、粤、桂联军李济深、郑润琦及陈策、周之贞等部，分路直捣叛军巢穴惠州，击败叛军。孙中山十分倚重程潜，频繁发给程潜有关军政训令、指令，或是批复呈文请示，或是授权临机决断，或者指示处措军政大事。7月14日，程潜兼任统一广东财政委员。8月11日，程潜兼任两江善后委员。8月23日，程潜兼任大本营军法裁判官。9月下旬，陈炯明得到吴佩孚大批饷械的接济，从香港窜回东江，分三路再次进攻广州。程潜指挥各部讨贼军屡败屡战，奋勇作战，先后击溃了叛军，保卫了革命大本营。

创建军校

程潜鉴于多年从军经验，1923年10月17日，亲自起草向孙中山呈文，提议设立中央陆军教导团、创建革命武装，马上得到孙中山准许。教导团下设两个军事连。校址原设广州观音山下军械局，后迁长洲岛广东海军学校旧址。

1924年4月中旬，程潜亲拟关于建立军校的呈文。4月24日，孙中山签发"大元帅准将陆军教导团改为陆军讲武学校训令"。程潜兼任校长，张振武、胡兆鹏任副校长，负责"大本营陆军讲武学校"的筹建。学校下设机构有：秘书室、教务组、总务组、军需组、医务组。校址设中央陆军医院。大本营陆军讲武学校以培养连排职军官指挥能力为目标，前后共办3期，培养学生七百余人，其中有左权、陈赓、陈明仁等著名将领。

第一期招考学生四百余人，1924年春补行开学典礼。夏天，孙中山亲临讲武学校校阅。10月10日，孙中山亲临毕业典礼，颁发毕业证书，并奖给优秀毕业生指挥刀一把。毕业后全体分发到攻鄂军部卫队营见习，担任下级军官及军需、副官、书记等职务。先前有学生邓文仪、桂永清、陈明仁、李默庵等146人，中途编入黄埔一期学习。

第二期仍由程潜兼任校长，李明灏（时任攻鄂军总部参谋处长）兼任教育长，校址迁马坝南华寺，招考学生80人，1924年12月开学，1925年冬毕业。毕业后全部分发到第六军各部担任下级军官佐。抗日战争前不久，在南京中央军校补办登记手续，取得黄埔一期学籍。

第三期还由程潜兼任校长，李国良任教育长。1925年7月，陆军讲武学校改名为"国民革命军第六军讲武学校"。同年秋招生，共录取226人。由于学校经费不足，程潜不得不变卖家中的金银首饰筹钱，来维持学兵的膳食。

1925年冬，根据广州国民政府统一军事政治教育的决定，"中国

【程潜传略】

军政部陆军讲武学校旧址

国民党陆军军官学校"改名为"国民革命军中央军事政治学校",其他各军事学校一律撤销。讲武学校在校第三期学生考取黄埔军校第四期约70人,没有考取的后来重新再考,大部分编入黄埔军校第五期入伍生。

国共合作

1924年1月20日,孙中山领导的国民党第一次全国代表大会,在广州国立高等师范学校礼堂隆重开幕。毛泽东当选为国民党中央候补执行委员。程潜作为国民政府军政部长,以湖南代表身份与会,与毛泽东、林伯渠、李立三、李维汉、谢晋等湖南代表相逢,相谈甚欢。程潜积极支持孙中山"联俄、联共、扶助农工"三大政策、拥护国共合作。4月上旬,程潜协助孙中山指挥讨贼军进攻东江。5月就军人宣誓词及军人宣誓条例向孙中山呈文。

孙中山联合共产党人筹建国民党陆军军官学校(通称黄埔军校)时,曾一度考虑以程潜为校长,以蒋介石、李济深为副校长。后因曾派出蒋介石等考察苏联红军,遂特任蒋介石为军校筹备委员会委员长。5月2日,孙中山特任蒋介石为军校校长,程潜兼任校务委员。6月16日,国民党陆军军官学校于广州黄埔长洲岛正式成立。7月10日,程潜兼任国民党中央政治委员会议"统一训练处"委员。

7月18日,苏联政府军事顾问团代表、大本营高等军事顾问尼维尔·安德耶维奇·巴富罗夫将军,为东征陈炯明的军事斗争,在前线勘察时不幸落水牺牲。7月23日,程潜出席国民党中央为巴富罗夫将军举行的万人追悼会。

南征北战

1924年9月3日,江苏督军齐燮元与浙江督军卢永祥之间爆发江浙战争。

9月5日,孙中山召集军事会议决定乘机北伐,以谭延闿任北伐军总司令兼右翼总司令入江西,程潜任左翼总司令入湖南。18日,孙中

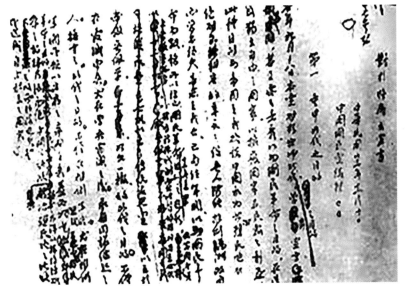

孙中山发表《时局宣言》（即《北上宣言》）原稿

山发表《北伐宣言》，程潜随从出征。20日，在韶关举行北伐誓师典礼。22日，下令北伐军一律改为建国军。

10月6日，孙中山特任程潜兼建国攻鄂军总司令。此时，卖国汉奸商人陈廉伯在英国暗中支持下，阴谋武装推翻广东革命政府。15日，桂、湘、豫、粤军等分五路包围西关，令商团缴械。后经数小时战斗，平定商团武装叛乱。

11月10日，孙中山以国民党总理的名义，发表《北上宣言》，重申反对帝国主义和反对军阀的政治立场。12日，孙中山应冯玉祥邀请，为救国之计，抱病启程北上。程潜驻守韶关大本营，任军政部长等职，奉命经略湘鄂，配合北伐军攻打江西，进图湘南。24日，程潜攻克湖南宜章，旋为湘军唐生智部击退。

1925年1月12日，程潜率师进驻韶关马坝。1月，陈炯明乘孙中山北上之机，分三路进攻广州，唐继尧也出兵占领南宁，进逼广州。30日程潜等人开会，决定东征，进攻广州的陈炯明。

祭奠伟人

孙中山

1925年3月12日，一代伟人孙中山在北上商讨和平救国时，因长期积劳成疾，肝癌发作，不幸病逝。孙中山（1866.11.12—1925.3.12），名文，字载之，号日新，又号逸仙，又名帝象，化名中山樵，广东香山人。孙中山是伟大的民族英雄、伟大的爱国主义者、中国民主革命的伟大先驱。原在香港学医从医，后高举反对封建专制统治的旗帜，毅然投身民主革命事业。创立兴中会、同盟会，提出"民族、民权、民生"的三民主义，积极传播革命思想，广泛联合革命力量，连续发动武装起义，领导了震惊世界的辛亥革命取得成功，推翻了清王朝的腐朽统治，结束了统治中国两千多年的封建专制制度，拉开了中国完全意义上的近代民族民主革命的序幕，打开了中国进步的闸门，传播了民主共和理念，极大推动了中华民族思想解放，推动了中国社会变革。中国共产党成立后，孙中山实行"联俄、联共、扶助农工"三大政策，推动北伐战争取得胜利，把反帝反封建的民主革命推向前进。

孙中山逝世当天，消息传到国民党大本营广州，代行大元帅胡汉民发出通电，迅速组设"大元帅哀典筹备委员会"，程潜和胡汉民、伍朝枢、廖仲恺、古应芬、杨希闵、谭延闿、许崇智、刘震寰、邓泽如、吴铁城11人为筹备委员。程潜听闻孙中山病逝噩耗后十分悲痛，参加组织对孙中山逝世的隆重祭奠治丧活动，并写下七绝一首《孙中山先生挽诗》，寄托哀思：

一弯冷月照寒窗，巨星陨落我哀伤。

主义炳天感遇厚，回首望前意茫茫。

七、革命北伐，征讨蒋唐

坚持国共合作的孙中山逝世以后，革命形势发展很快，同时更加错综复杂，国民党内部分化越来越公开化。对于即将开始打倒北洋军阀的北伐战争，国民党左派主张建立各革命阶级联合统治的国家，中派主张建立民族资产阶级统治的国家，右派力图由自己建立地主买办阶级的统治。各派围绕着坚持还是反对孙中山的三大政策，展开了日益激烈的斗争。

平叛还权

1925年5月5日，程潜和谭延闿、杨希闵、许崇智通电声讨欲就任广州大元帅府副元帅的唐继尧。6月6日，程潜率军参加平定驻粤滇军总司令杨希闵、桂军总司令刘震寰在广州发动的武装叛乱，12日收复广州，取得平叛胜利。24日，程潜和胡汉民、谭延闿、许崇智、朱培德、伍朝枢电请张作霖、冯玉祥、卢永祥等督促段祺瑞立即宣布废除一切不平等条约，否则全国人民必别谋自决。7月1日，国民党决定将广州大元帅府改组为广州国民政府，程潜被推选为国民政府十六委员之一。26日，广州军事委员会议决各军改称"国民革命军"。8月1日，程潜通电解除建国攻鄂军总司令职务，将军权交还国民政府军事委员会，自本日起均改用国民革命军旗号。

二次东征

1925年9月23日，程潜任国民政府军事委员会委员，29日，任东征军第三纵队长，由鄂军、豫军、赣军、湘军共六千余人混编组成，参加第二次东征。10月17日，程潜率东征军左路第三纵队出征。23

日，克河源，24日，东进紫金。程潜亲率主力沿东江南岸向蓝口墟进发，24日，占老隆，25日，孤军深入五华，27日，将偷袭之敌击溃。28日，程潜率部从五华出发，向兴宁、梅县前进，敌人残部闻风而逃，31日，直捣兴宁。

11月3日，程潜率部下梅县，9日，进大埔，13日，向永定前进，直追入闽清扫残敌，将陈炯明残部一举击破。12月1日，克平远，随即奉命进驻惠州，底定东江，陈炯明从此逃离广东不复回返。程潜为统一两广、巩固广州国民政府立卜重要战功。

挥军北伐

1926年1月16日，程潜当选为国民党第二届中央执行委员、军事委员会委员，继续执行孙中山确定的"三大政策"。1月22日，程潜任由攻鄂军改编而来的国民革命军第六军军长，林伯渠任党代表兼政治部

1926年6月20日，国民革命军第六军军事高等班开学式合影，前排右六为军长程潜，右三为总参议杨杰，右八为国民党副党代表林伯渠

主任，杨杰为总参议，唐蟒为参谋长，辖第十七师（师长吴铁城，代师长邓彦华）、第十八师（师长胡谦）、第十九师（师长杨源浚），共9个团及两个炮兵营，各师政治部是共产党领导，团以下军官的共产党员比例占1/3。第六军担负惠州、石龙、博罗等地防务。

7月9日，国民革命军在广州举行北伐誓师典礼。15日，程潜与担任该军党代表的共产党人林伯渠通力合作，率领第十七师、第十九师参加北伐，先步行至广州乘火车到韶关下车，然后徒步行军，挺进湖南。

8月14日，程潜任第二期北伐总预备队（第一军、第六军组成）总指挥，随主攻部队第四军行动。入郴州、经安仁、向醴陵。18日，戎马倥偬的程潜率军经过醴陵故里，疾驰探望母亲，写有《过家谒母》一诗：

弱冠辞乡井，及壮会风云。　驰驱十五载，险阻厉贞坚。
持节出江汉，过闾觐慈亲。　步行长连村，疾趋庐佛山。
入门拜慈母，慈母有温颜。　母曰嗟予季，久役今始还。
汝以身许国，离母母心安。　复慈聆懿训，未言中如焚。
济世世愈沌，戡乱乱弥纷。　人皆能奉养，我独阙晨昏。
忠孝两无成，薰芳独自煎。　无以对我母，不复可为人。
兄姊扶我起，涕泣各潸湲。　回视同胞者，咸以白发繁。
五人绕北堂，依膝共承欢。　慈母顾之喜，垂老尚比肩。
戚族一时来，长幼苦难分。　邻里相周旋，敢惮酬应烦。
戎期未可稽，挥泪整征鞍。　叮咛戒子弟，努力事农田。

8月19日晚，程潜便挥泪辞别，踏上北伐的征程。

两战南昌

8月30日，程潜任北伐中路总指挥，奉命指挥第六军第十七、第十九师和第一军第一师，由湖北转战江西。9月1日，与林伯渠发生激烈争吵。2日，林伯渠愤而辞职。6日，程潜自咸宁折向通城；7日，破孙传芳部主力第四师谢鸿勋部于江西修水马坳；8日，完全占领修水；17

日，占奉新；18日，与第三军联手克高安，消灭杨云东旅残部，势如破竹。后探知孙传芳军主力已自南昌南下樟树、丰城一带，遂毅然改变原截断南浔路的战略计划，命令第六军第十九师兼程前进，暗袭南昌。

9月19日，第六军第十九师杨源浚及第一师王柏龄部袭占南昌。21日，孙传芳由南京到九江亲自督战，截断北伐军后路，并夜渡赣江，从三路反攻北伐军。22日，双方在南昌展开激烈争夺战，程潜孤立无援，战斗失利，败退出南昌。24日，程潜脱险后收集所部在奉新一带集中整训。进军江西的种种艰险，全呈现在程潜《南昌纪阨》一诗中：

> 修水荡凶寇，高安驱恶酋。既成破竹势，乘胜下洪州。
>
> 枝叶已翦除，捣穴扼其喉。奈何娼嫉者，纵敌自优柔。
>
> 逆众得所便，麇集来为仇。困斗阨万沙，几死溺章流。
>
> 宵深脱险艰，济渡赖野舟。固知虿有毒，吾谋亦未周。

10月3日，林伯渠来到奉新第六军。6日，北伐军对江西孙传芳军再度总攻。7日，程潜率第六军攻占永修。26日，程潜任北伐中央军指挥官，统率第六军，负责进攻乐化车站。11月1日，北伐军分三路向南昌发起总攻，程潜亲率军部全体参谋赴前线督战，4日，攻占芦坑车站；5日，再取乐化车站；6日，占领军事要地涂家埠，与第七军联手大破卢香亭全部；8日，进占南昌；9日，将由铁路退往湖边的北洋军缴械；11日，程潜兼九江警备司令，第六军入赣作战两月，损失惨重，遂移驻高安、奉新、萍乡一带休整。

12月4日，程潜部接防九江，贺耀祖驻浔部队亦归第六军节制。7日，国民党中央通电宣布中央党部及国民政府北迁武汉。13日，徐谦、孙科、宋子文、邓演达、宋庆龄、吴玉章、陈友仁、董必武等在武汉成立国民党中央执行委员和国民政府委员临时联席会议，代行国民党中央

林伯渠

党部和国民政府职权。而蒋介石主张国民政府迁往南昌。

攻占南京

1927年1月1日，程潜参加蒋介石在南昌召开的国民党"中央政治会议第6次临时会议"；10日，继任九江卫戍总司令。25日，蒋介石制定长江下游作战计划，程潜任北伐军中路军江右军总指挥，率第二、第六军及贺耀祖独立第二师，由赣北沿长江南岸东进，先后击败直鲁联军及湘军叶开鑫等部；2月8日，攻占安徽秋浦；20日，攻占安徽至德、祁门。一路风雪，一路征战，程潜以《彭泽至秋浦雨雪载途军行甚苦》一诗表达内心：

整军趋金陵，舍舟登彭泽。荆棘沿路除，浊秽随地涤。

春雨载途飞，朔风吹渐渐。嗟我前锋士，苦寒困行役。

念彼文物邦，久成虎狼宅。义师本为民，匹夫各有责。

正以仁伐暴，况乃顺临逆。胜算已可操，一篑宜努力。

3月4日，程潜所部向芜湖进展。6日，第一纵队攻占芜湖。11日，程潜任武汉国民政府委员、武汉国民政府军事委员会主席团委员，并任国民革命军第四集团军第二方面军总指挥。15日，程潜兵分三路会攻当涂，击溃直鲁联军第四军、第五军及孙殿英部。17日，江右军第一纵队、第三纵队败直鲁军孙宗先军。19日，江右军第二纵队占溧水，第三纵队占当涂。21日，程潜不听蒋介石的劝阻，率江右军向南京发起总攻，22日连取陶吴镇、秣陵关、江宁镇、采石矶等外围重地，23日分路进军南京，第六军第十九师自中华门率先攻入南京城，至此江南基本肃清北洋军。

4月23日，武汉国民党中央政治委员会指定程潜、何应钦等11人为江苏省政务委员，程潜为江苏省政务委员会主席，谭延闿在一块绸布上写下截留逮捕蒋介石的密令，派林伯渠亲往南京传达，但程潜顾虑多方因素并未同意。24日，南京城内发生抢劫杀害十余名外侨、美英等国军舰炮击造成中国军民较大伤亡的"南京事件"。当日，程潜进入南京城后，立即下令逮捕枪决参加抢劫的人犯，并派员交涉列强，防止事态扩大。25日，蒋介石乘兵舰抵达南京下关，程潜等登舰欢迎，但蒋介石警觉不利直趋上海。27日，程潜赴沪参加蒋介石召集的军事会议，29日，兼任南京卫戍司令。

生死六军

此间，武汉国民政府与蒋介石关系极为紧张，程潜以国民党元老身份，来往于宁汉进行调解。4月3日，程潜察知蒋介石即将发难，遂仓促易服携亲信数人离开南京，乘小火轮转往汉口。蒋介石则由上海赶到南京，任命贺耀祖为第四十军军长，限令拥护武汉国民政府的第二军、第六军于4月6日前全部渡江北上作战。程潜接到报告，复电令两军不要渡江，待他回南京后再处理，但电报被蒋介石截获扣留。4日，第六军第十九师过江部队遭到蒋介石4个军的预先埋伏重围，被包围监视。

蒋介石随即任命第六军第十七师师长杨杰为第六军副军长、代理军长，命其指挥第一军第一、第三师和第六军继续北伐。蒋另派自己的嫡系军队进驻南京，并派军舰西溯追捕程潜，幸被程潜机智逃脱。5日晚，程潜抵达汉口；6日，被武汉国民政府任命为第二方面军总指挥。

不久，程潜受武汉国民政府之命重建第六军，仍任军长，唐蟒任参谋长，下辖4个师，以李明灏为第十七师师长、张轸为第十八师师长、胡文斗为第十九师师长、彭子国为教导师师长。在林伯渠等协助下整顿训练，该军很快又成为一支劲旅。5月13日，独立第十四师夏斗寅自沙市、第二十军杨森从宜昌分别率军进逼武汉。程潜率重建的第六军开向武汉应援，19日击败夏斗寅。25日，程潜任武汉国民政府西征军总指挥，率第二、第六、第八、第十五军各一部以及中央独立师讨伐杨森。6月4日凌晨对叛军实施进攻，6日与杨森部在仙桃镇激战，至10日几乎全歼杨森叛军。西征军接着收复潜江，沿襄河北岸西进，于24日占领宜昌，杨森率残部狼狈逃回四川。

蒋汪政变

1927年4月12日，蒋介石发动反革命政变，随后建立与汪精卫武汉国民政府对立的南京国民政府，国民党公开形成宁、汉分裂的局面。蒋介石随即借口保卫南京为名，又将程潜的第六军调回长江南岸，宣布第六军是挑起"南京事件"的罪魁祸首，派遣黄埔嫡系部队将其包围监视起来。程潜闻讯后潜回南京，拟将第十九师调往武汉，以失败告终。17日，武汉国民政府免去蒋介石国民革命军总司令之职，任命唐生智为总指挥，决定继续第二期北伐奉系张作霖。28日，蒋介石借口驱逐共产党，解除第六军第十九师的武装，然后遣散改编。

7月15日，汪精卫在武汉发动反革命政变，公开背叛孙中山所制定的国共合作政策和反帝反封建的纲领，和蒋介石一样对共产党员和革命群众实行大屠杀。但宁、汉之间矛盾仍然尖锐。

东征讨蒋

8月初，武汉国民政府下令东征讨伐蒋介石，程潜受命任东征军江右军总指挥率部东进，推进到安徽芜湖、宣城一带。8月12日，蒋介石被迫宣布下野。武汉东征军闻讯即停止前进。20日，程潜等到九江，与南京代表胡宗铎会商；22日，在庐山参加宁汉双方首脑会谈，宁汉合流。

9月11日，程潜出发赴南京；15日，出席各方在南京召开的国民党中央执监委员临时联席会议；16日，当选为中央特别委员会委员；17日，当选为南京国民政府委员、国民政府军事委员会主席。

筹备总理葬事

9月18日，国民党中央执行委员会发出通知，程潜和胡汉民、汪精卫、蒋介石、张人杰、谭延闿、李煜瀛、蔡元培、许崇智、于右任、林森、谢持、邓泽如、伍朝枢、宋子文、孔祥熙、林叶明、叶楚伧、杨铨等19人为（孙中山）总理葬事筹备委员会委员。同日，程潜出席总理葬事筹备委员会第五十次委员会议，研究中山陵墓工程建设事务。后来，程潜又一次出席了葬事筹备会议。

9月20日，程潜出席南京国民政府在紫金山侧小营大操场举行的就职典礼，随即主持军务，同南京政府桂系联合，派十七师副师长谢慕韩赴扬州，改编原被蒋介石编并为第十八军的老六军部众。

西征伐唐

9月21日，汪精卫、唐生智、顾孟余等因不满于中央特委会的权力分配返回武汉，成立中央政治委员会武汉分会，与南京特委会对抗。9月下旬，南京国民政府下令西征、北伐并进。

10月20日，南京国民政府下令组成西征军，程潜为总指挥，李宗仁为副总指挥，西征讨伐第4集团军总司令唐生智。程潜并兼西征军第四路军总指挥，率所辖第六军、第十三军、第四十四军，沿长江南岸与李宗仁等部夹岸进军，先后收复安徽芜湖、江西九江等地。程潜率部于11月8日占富池口，11日下阳新，14日会师武汉。17日南京特别委员会决定组织湘鄂临时省政府、湘鄂临时政务委员会。

12月2日，程潜宣誓就任湘鄂临时政务委员会主席，主持政务。20日，程潜兼任国民政府重行编定的第四路军总指挥。

八、再主湖南，寓居上海

1928年1月1日，程潜、白崇禧决定继续追击退回老家湖南的唐生智所部湘军，剿抚并用，以竟全功。9日，蒋介石发出复职通电。随后，程潜联名白崇禧在武汉发出通电，疑问蒋介石复出。

再主湘政

1928年1月15日，程潜、白崇禧率西征军兵分三路进军湖南，17日，攻占岳阳。程潜过洞庭，抚今追昔，朗吟《重登岳阳楼感赋》：

湖楼遥对湘妃宅，危栏重倚今犹昔。

江山何物最关怀，当年战垒寻无迹。

长空极目景萧条，雪虐风饕路更迢。

沙渚已怜纷雁鹜，帆樯还疑犯波涛。

古往今来积愁绪，几多恩怨争迎拒。

嶷衡在望如可招，鬼蜮至今仍作阻

伤心陈事不堪题，终见宵人悔噬脐。

蜉蝣旦暮成生死，鱼肉刀砧任割圭。

山自崔嵬江自曲，江如锦练山如玉。

乘风便欲上青冥，但恐扶搏力不足。

1月21日，西征军强渡汨罗江，发动全线总攻击，突破唐军在南岸的防线直逼长沙。25日，西征军进占长沙。其间，第六军受到第四十四军军长叶开鑫中途倒戈袭击，损失甚重。程潜急调第六军原留守广东的第十八师自韶关北上，夹击唐军。程潜、白崇禧军队连克衡阳、宝庆、津市、澧县等。2月，何键、叶琪、李品仙、刘兴等唐部将领相继通电议和停战，接受程潜、白崇禧改编。程潜的部队帮助李宗仁打通了桂系部队与老家广西的通道，却让李宗仁感到如芒在背。

2月2日至7日，国民党二届四中全会在南京召开，蒋介石恢复任国民革命军总司令职务，并任国民党中央政治会议主席、军事委员会主席、组织部长，重掌大权。程潜亦被推定为国民政府委员、军事委员会常委。

3月11日，程潜、白崇禧等将领联衔通电宣布西征任务已毕，克日移师北伐。24日，程潜任"两湖善后会议"主席，议决北伐。5月4日，湖南全省清乡督办署成立，程潜兼督办。此时，程潜还任湖南省政府主席兼保安司令、中央陆军军官学校长沙分校校务委员会主任等职，第一次全面主持湘政，一展平生抱负。其间，登高岳麓，祭谒黄蔡，写就《岳麓山礼黄蔡墓》五古：

奋起扫浊秽，两公真健者。英气迈千古，大年天不假。

我来拜山陬，墓道长松贾。层崖云气鲜，幽涧湍流泻。

缅维道义交，执信锲不舍。振我皇汉灵，明德光九夏。

如何忽殂谢，万类失陶冶。抚世悲艰屯，沉忧浩难写。

蒋桂构陷

程潜（左）和李宗仁（右）

1928年3月7日，国民党设立中央政治会议武汉分会。蒋介石有意激化湘、桂矛盾，任用李宗仁为武汉政治分会主席兼第四集团军总司令。4月11日，蒋介石撤销湘鄂政务委员会，任程潜为武汉政治分会委员。程、李矛盾日渐明显，武汉政治分会曾数度开会密议欲将程潜扣留撤职。

5月19日，程潜接到李

宗仁邀请他参加武汉政治分会成立大会的通知，未顾左右对此行加以提防的提醒，与白崇禧从长沙赴武汉。20日，李宗仁召开军政会议，任命程潜为第四集团军副总司令，当时程潜力辞不就。21日，程潜出席武汉政治分会第一次会议。会间休息，李宗仁将程潜请至4楼，将其扣押，而后即以武汉政治分会名义致电南京，借口所谓"程潜素行暴戾，好乱成性，西征后更飞扬跋扈，把持湘政"的罪名，宣布免去程潜本兼各职，拘禁于汉口。23日，国民党中央政治会议议决程潜免职，"听候查办"。6月23日，国民党中央常委会通过决定，停止程潜的中央执行委员职权。

与此同时，程潜的第六军被迅速分化，一部分由周希武、张其雄率领投奔何键，剩下的两师七个团由第十八师师长张轸率领撤往江西。蒋介石密令朱培德、金汉鼎、王均等部进行围歼。结果第六军仅剩一营突围至福建，为卢兴邦（福建省政府委员、闽北指挥官、国民革命军新编第一独立师师长）所收编。至此，程潜创建的嫡系第六军被彻底消灭。

7月6日，国民党在北平香山碧云寺孙中山灵前举行北伐完成统一全国的祭告典礼。8月4日，国民党二届五中全会追认停止程潜职权的决定。11月24日，程潜获释。28日，国民党中央政治会议下令解除对程潜的监视，30日，程潜乘汽车回紫阳里私寓。12月4日，蒋介石南京政府明令"程潜免于查办"，但其行动自由仍被控制。

上海寓居

12月后，程潜寓居于上海黄浦区法租界义品村的马斯南路123号（今思南路89号）别墅，开始长达7年的"寓公"生活。马斯南路始筑于1912年，为纪念法国享有盛名的音乐家马斯南而命名。路两侧是茂密的法国梧桐和错落有致的精美洋房，蕴含着丰富的人文内涵和历史底蕴。曾居住这一区域的大多是知名人士：如孙中山、宋庆龄、周恩来、柳亚子、张学良、杨虎城、冯玉祥、郭沫若、何香凝、梅兰芳、朱绍良、李石曾、曾朴等。程潜与居住在附近的宋庆龄、何香凝、冯玉祥、李烈钧、方振武、陈嘉佑等时有往来。

寓居期间，颇具文人情怀的程潜养花种树，吟诗咏怀，将平日诗作编校纂成《养复园诗集》。亦钟情金石，访求名章，王福庵、邓粪翁、陈半丁、齐白石等名家的印章无不求遍。时常临摹《石门颂》，并经好友画家陶冷月的介绍，结识当时还名不见经传的杰出篆刻家、书画家、诗人陈巨来，引以为友。程潜对陈巨来到程府治印格外敬重，亲自迎送。程潜对陈巨来刻的印章颇为满意，将自己收藏方印章悉数请陈巨来重刻。程潜后来曾给陈巨来送去500元作为酬劳，陈巨来原封不动返还。

养兰养性

1929年3月27日，蒋介石、李宗仁反目，蒋桂战争爆发。桂系孤立无援，被蒋介石逐回广西。程潜仍以大局为重，以德报怨，奔走其间，力主蒋桂和平解决。

5月28日，国民党专迎孙中山灵榇从香山碧云寺南下，停灵于国民党中央党部礼堂，各界公祭。6月1日，孙中山家属亲故、国民党中央委员、国府委员、各特任官、葬事筹备委员会委员、迎榇专员等都参加移灵奉安中山陵。

是年，程潜时思《大学》所言：格物致知、诚意正心、修身养性，故作《养性篇》一诗，以抒发心意：

> 离娄擅视暗，不能见无形。师旷称至聪，不能听无声。
> 如何浮夸子，作意逞聪明。日纵耳目欲，坐令痎疾生。
> 君子慎其独，神宇自冲盈。怀宝非外求，默尔契皇灵。
> 其不若电驰，沛然充太清。去也如日蚀，光华暂晦冥。
> 去之须臾来，昭昭临至精。吾生始有托，与物故无营。
> 养之如养兰，惟恐不敷荣。好之如好色，永与结同盟。

关注时势

1930年4月1日，中原大战爆发，阎锡山、冯玉祥、李宗仁分别宣誓就任"中华民国军"总司令、副总司令，联合讨蒋。历时7个月，双方动员兵力110万人以上，支出军费5亿元，死伤30万人，战火波及二十多个省。程潜虽寓居上海避嚣，但忧国忧民情怀一直未曾稍减，从其诗可窥一二，《感怀三首》之一：

闲户思避嚣，寒风从隙扰。出游以写忧，予怀复如搅。
草隐捕蝉虫，树藏驱雀鸟。菁林狼张牙，深山虎舞爪。
惟见凶且横，相率大吞小。造化本无私，物竞自寻恼。
炎炎焰方炽，汹汹势未了。我闻悲智义，刲心悔不早。

7月13日，程母钟氏寿终正寝。时值中国工农红军先后两次攻打长沙，战况甚为激烈。延宕至是年秋，程潜始携眷由上海返回醴陵故里，礼葬慈母于本乡长连冲莱子山麓。

创办《南针》

1931年1月30日，程潜在上海创办半月刊《南针》，主要宣传三民主义、抨击时政、鼓吹抗日、反蒋反汪。程潜既是主编，又是主要撰稿人。9月18日，日寇在沈阳发动"九一八"事变后，东北大部分地区沦陷，程潜呼吁团结抗日。

12月15日，蒋介石因扣押立法院院长胡汉民事件，被迫第二次下野。24日，在国民党四届一中全会上，程潜当选为国民党第四届中央执行委员。28日，受国民政府主席林森之邀，重任南京国民政府委员。是年冬，程潜作《辛未冬感诗五首》，来表达对祖国内忧外患的担忧和批判，如其中两首：

其一：

燕雀争巢居，火焰燎堂宅。蚌鹬持沙渚，渔人伺岸侧。
嗟彼挟弹儿，少小昵邪愿。累恶已慢藏，妄意更丰殖。
邻家务兼并，由来非一夕。高台曲未终，奄忽倾其国。
藩篱寄童昏，本以资羽翼。器重非所乘，东望悲难塞。

其四：

外侮久莫御，兄弟犹阋墙。一朝逞私忿，连兵徒自戕。

黠者尔何意，乘时溃大防。文献千古遗，弃掷同秕糠。

宗主偶假借，辩识何张皇。岂知背中道，人鬼瞿其殃。

不义终自崩，作伪安可常。独怪茫昧者，相附共披猖。

呼吁抗日

1932年1月28日，"一·二八"淞沪抗战爆发，程潜积极主张抗日。

3月，程潜发表《孙中山先生逝世七周年纪念感言》，歌颂孙中山的丰功伟绩，抨击国民党的独裁专制，赞扬十九路军的英勇抗战。同年，程潜先后发表《反对南京政府签订中日停战协定》《第十九路军之战绩与中华民族前途》《中国革命之危机及其转变中之挽救》《抗日战争之意义》等重要文章，强调革命战争是推翻强权拥护公理的手段，主张坚决抗日到底，才能赢得中华民族解放。

9月30日，程潜和李烈钧、柏文蔚、熊克武等致电国民党中央，说论对伪满洲国问题的应对。10月2日，国际联盟调查团对日本侵略中国东北并建立伪满洲国问题调查结果的报告——《国联调查团报告书》发表后，程潜和冯玉祥、李烈钧等人联名通电："放弃依赖国联谬想，当局……切实与民众合作，全国动员……坚决为武力抵抗而奋斗。"11月8日，程潜与孙科、柏文蔚、李烈钧等致电国民党中央政治会议。20日，程潜与李烈钧等一起发表《致海外同胞书》。

1933年7月，程潜任南京中央陆军军官学校校务委员会委员。此后又连任第十一、十二、十三期校务委员会委员。

长城抗战失败后，日寇进逼察哈尔，威胁京津。7月9日，察哈尔抗日同盟军北路前敌总指挥吉鸿昌率部从张家口北上，发动收复多伦战役。12日，吉鸿昌赤裸臂膀，一手挥刀，一手拿枪，率敢死队数度冲锋攻城，"决战以死报国"，歼灭大部分日伪军。16日，程潜、李烈钧、蒋光鼐、蔡廷锴、李宗仁、李济深、陈铭枢等先后电贺收复多伦的胜利。

九、战区主战，翼青比翼

在日本帝国主义侵略变本加厉、国民党面临内忧外患之际，随着时局嬗变，蒋介石改变以前压制程潜的策略。程潜先后担任国民政府军事委员会参谋总长、第一战区司令长官兼河南省政府主席等职，投身抗日救国的民族解放战争。

投身抗战

1935年11月22日，程潜当选为国民党第五届候补中央执行委员，12月2日当选中央政治委员会委员，18日特任南京国民政府军事委员会参谋总长，再入军政。

程潜接到参谋总长任命后，立即就任视事。在南京借住在贺耀祖家，碰到醴陵老乡刘斐。

1936年1月11日，程潜由国民政府军事委员会铨叙厅颁令任陆军上将，叙第二级。6月1日，"两广事变"爆发，陈济棠与李宗仁联手反蒋，程潜等一再电劝陈济棠、李宗仁、白崇禧退兵。7月9日，程潜被授国民革命军誓师十周年纪念勋章，13日任国防会议委员。

1935年12月，程潜任总参谋部参谋总长，图为程潜（中）与杨杰（右）等人合影

8月12日，程潜到广州商讨对广西和平解决措施。9月2日，程潜、朱培德、居正携蒋介石亲笔函到南宁，与李宗仁、白崇禧会商和平方案。16日，程潜、黄绍竑再自广州到南宁，妥商广西善后事宜，监誓李宗仁、白崇禧就任新职、服从中央，"两广事变"和平落幕。11月12日，程潜获授国民政府一等宝鼎勋章。

这年春天和秋季，程潜率国民政府将校巡视团先后巡视了江苏、河南，检验京浦铁路南段和陇海铁路东段抗击外敌侵略的国防建设情况，看到军事重镇险要多所废弛，深具忧患，在《春巡江阴》诗中写道：

> 江南春色佳，瞻望尽青山。芊芊兰皋平，娟娟绿野繁。
>
> 锁钥严重镇，巡阅首要津。浩渺信天堑，周匝良海门。
>
> 自从夷狄盛，久苦甲兵烦。设险非一朝，力竭财亦殚。
>
> 顾兹伤凋弊，何以固屏藩。回舟警沧流，终夜百忧攒。

12月12日，西安事变爆发，蒋介石被扣留。国民党中央常务会议及政治会议决议，加推何应钦、程潜、李烈钧、朱培德、唐生智、陈绍宽等6人为军事委员会常务委员。14日，程潜、唐生智、朱培德等电促张学良"猛醒"，支持和平解决。12月间，程潜组织参谋本部人员拟订《民国二十六年度国防作战计划》。

1937年1月，程潜主持《民国二十六年度国防作战计划》完成"甲案"与"乙案"两份稿本，3月修订完毕，报送蒋介石。此份作战计划甲、乙两案，根据对日军采取消极与积极两种不同作战态势，分别拟定了抗击日军侵略的具体战略任务与各阶段战斗计划。

预立遗嘱

1937年7月7日，卢沟桥事变爆发，全面抗日战争开始。8月20日，程潜任抗日大本营参谋总长，先后参与制定了淞沪会战、南京保卫战等作战计划。此时，日寇华北方面军分四路向山西、山东、绥远、河南大举进攻，程潜受命驰赴邢台坐镇指挥平汉路抗日战事。

9月23日，程潜接替蒋介石代理第一战区司令长官。9月24日，日寇攻陷保定。10月8日至20日，日寇师团长土肥原贤二率第14师团等部数万人，先后陷正定、石家庄和保漳一带高地，战局危殆。21日，程潜亲自赴漳河前线指挥关麟征军发起反攻，战况最危急时，程潜带头立下遗嘱，并鼓励将士们说："大敌当前，有进无退。中国虽大，也没有多少地方可退了，战死在阵地上是最光荣的。"指挥部队奋勇夺回了阵地，将敌军压迫到漳河岸边，扭转了战局。11月11日，程潜加紧调整部署，激励官兵奋力防御，与敌军相峙，平汉线形势渐趋稳定。

治豫联共

1938年1月1日，程潜正式担任第一战区司令长官，统辖两个集团军（宋哲元第一集团军、商震第二十集团军）三十多个师数十万军队，率长官部驻扎郑州指挥抗日。15日，程潜特任国民政府军事委员会委员，续任中央陆军军官学校第十四期校务委员会委员，此后连任第十五至二十一期校务委员会委员。

2月1日，程潜兼任河南省政府主席，发表治豫纲领，在统一军政、加强政权建设方面采取一系列措施：一是民政以澄清吏治，安定地方为原则；二是财政以厉行节约，蠲除苛杂，剔去中饱为原则；三是建设以适应国防、交通及军事工业为原则；四是教育以启发民族意识，激起牺牲精神为原则。

2月17日，程潜又发表施政方针，一是铲除贪污，二是肃清土匪，三是免除苛派，四是整理征兵，五是赈济灾民。次日电示各区行政督察专员和保安副司令官。程潜身体力行亲自深入各县巡视，激励抗战卫国。同时，程潜在南阳成立河南省军政干部训练班，并兼该训练班主任，征集高中大学生数千人进行培训，结业后分配充任军政部门骨干。

程潜积极支持第二次国共合作，推动共同抗日。同意中国共产党在第一战区司令长官部设立了第十八集团军联络处，任命共产党员朱瑞担任主任，还在河南濮阳建立第十八集团军办事处，积极保护进步团体和爱国人士，大力支持开展抗日救亡活动。

策应徐州

1938年2月8日，日寇4个精锐师团大举进犯河南，程潜指挥部队奋力抵抗，因右翼宋哲元节节退守，防线被突破，程潜仍派兵策应宋哲元，派骑兵北渡黄河，向道清线以南、平汉线以东地区攻击，重创敌军，迫使日寇不敢贸然渡河南犯。

3月底，程潜指挥第一战区部队作外围策应，与第五战区精诚合作，在河南、山东一线顽强打击牵制阻击日寇，指挥所部在外围运动作战，积极策应徐州会战，并主持拟定《河南作战指导纲要》。3月28日，台儿庄各战场鏖战正酣之际，因临沂吃紧，程潜奉蒋介石命令，急派在开封驻守的李兆锳所部第一三九师火速赶赴临沂增援，解救危局。当台儿庄与日寇浴血奋战的危急时刻，程潜偕蒋介石到台儿庄视察并慰勉将士，会同李宗仁、白崇禧指挥战事。

会战兰封

5月初，程潜指挥第一战区薛岳兵团和胡宗南兵团投入兰封会战，拟以6个军12万人的优势兵力，将孤军来犯的日寇土肥原贤二所率第14师团约2万人围歼。11日，蒋介石电令程潜指挥兰封会战。14日，土肥原贤二部强渡黄河，攻陷菏泽，进袭兰封，23日夜陷兰封。24日，程潜立即奔赴开封前线设立指挥所，调整部署，25日晨指挥军队开始总攻，27日收复兰封，恢复陇海铁路交通。然而，防卫商丘的第八军不听指挥，突然不战而退，将商丘城拱手让给日寇，彻底打乱了程潜的战略部署，歼灭土肥原贤二的宝贵战机被葬送。

6月1日，程潜令豫东各军向平汉线以西撤退。2日，日寇再犯兰封。5日，程潜率第一战区司令部移至洛阳，再次拟组两个重兵集团，在平汉路附近的许昌、确山之间将敌包围歼灭。6日，日寇攻陷开封，围歼计划告空。兰封会战遂告结束。兰封会战仍为之后武汉会战中国整军备战争取了宝贵的时间。

抗日正酣，战火纷飞之中，程潜难抑铁血壮志、诗人本色，在开封作《抗战四十二韵》：

夜半挽枪出，妖氛遍朔方。交犹联玉敦，衅已肇东墙。

睿算无遗阙，微忠忝赞襄。普天齐愤慨，亿众共输将。

祸变延淞渎，风烟及太行。伐谋欣迅决，破虏快胜骧。

凤恨凶残甚，宁辞御遏长。寇怀徒逐逐，予阵自堂堂。

结队来鹅鹳，横行纵虎狼。飞车投矢石，斗舰扰江洋。

鸡狗同罹劫，童婴亦被殃。飘离纷逐野，转徙接帆墙。

河北堤如溃，苏南焰更狂。宵烽千里炽，露版万言详。

秉钺追姜尚，挥戈效鲁阳。壮心雄豹略，独将奋鹰扬。

选锐严前卫，搜材备后防。凭邮过许郑，跃马渡名漳。

忻县攻何急，并州守未遑。连城容豕突，比户任枭张。

设险全资敌，临奔始发藏。金湾旋陷落，白下顿仓皇。

败卒排山倒，孱军背水戕。乘虚侵益亟，肆虐耻难偿。

主师深兢惕，偏裨尽激昂。驱驰令颇牧，筹策倚平良。

否吉宜生泰，屯贞必返康。豫燕尊节制，济衮附声光。

参加兰封会战的第一战区士兵

左翼维徐甸，中权控武昌。泗淮鏖战苦，沂峄互争忙。

流血惊漂杵，陈尸惨积邙。地虽渲秒浊，国尚固苞桑。

殚匄情殊烈，当黑意倍强。几经逢挫折，讵肯让披猖。

得道原多助，佳兵本不祥。直词昭内外，浩气贯穹苍。

彼早衰而竭，吾仍毅以刚。抗加哀者胜，剥复理之常。

大辱安能忍，兹仇永勿忘。廿年吴可沼，九世纪终亡。

恶宿看三徙，齐盟待一匡。平倭期旦暮，收泪喜相望。

以水代兵

6月1日，蒋介石在武昌主持秘密军事会议通过了作战计划"K计划"，即"以水代兵"。随着开封失守、郑州难保、武汉决战在即，为阻挡日寇锐利攻势，蒋介石作出了在赵口和花园口扒开黄河大堤以水淹阻击日寇兵锋的决定，并数度通过口谕、电报、电话，催促命令程潜所辖部队尽快执行。程潜为尽可能减少损失，命人在决堤之前，通知下游4个村庄居民及时迁避并发放逃荒费。决堤放水时，这4个村的居民因及时迁避而无人伤亡。9日，因赵口决堤没有完全实现，程潜指令并督促第一战区第三十二军掘开郑州以北15公里处黄河花园口段大堤，汹涌黄河水滔天而下，造成了千里黄泛区。黄河花园口决堤虽从一定程度上迟滞了机械化程度较高的日寇进犯，为武汉会战赢得了一些准备时间，但也给黄淮当地老百姓带来了深重灾难，造成了3省44个县市数百万人受灾，9年之后才堵口复堤。

黄河决堤之后，6月12日，程潜开始指挥所部6个军乘着水势，开展反攻。一个月内，相继收复豫北、豫东、鲁西等地，基本肃清了当地日寇。同时，帮助灾民异地重建家园。据《新华日报》报道，决堤后第三天，程潜发放五万元赈灾款；一周后，又发放二百万元黄泛区持续赈灾资金，以尽可能地减轻由决堤造成的灾难。

再缔良缘

1938年6月，程潜率第一战区司令长官部移驻洛阳。此时，程潜已经有3次婚姻，妻儿老小皆不在身边。结发夫人黄理珍（1882—1942）因生病在老家湖南休养，后在重庆去世。黄理珍生育两个女儿，分别是：博廉、博寿。二夫人刘仲华，与程潜自由恋爱而婚，后又因个性不和离散，生育一子三女，分别是：博德、博乾（子，程元）、博智和博信。三任夫人周劼华是老家包办的婚姻，此时也在老家，生育一女三子共4个孩子，分别是：博洪、博硕（女）、博雍和博厚（垕）。

是年7月，经友人介绍，程潜与郭翼青在洛阳结婚。郭翼青（1919年8月30日—1996年6月12日），广东汕头人，貌美肤白，身材窈窕，因为父母之命、媒妁之言，17岁的她嫁给了相差37岁的程潜，执子之手，与子偕老。郭翼青后曾在湖南省妇联工作，曾任首届全国妇女联合代表大会主席团成员、第五届至第八届全国政协委员、民革中央委员、民革中央监察委员会委员等职。她和程潜共育有6个女儿，分别是：程熙、程瑜、程文、程欣、程丹和程玉。十多年后的1949年10月，远在北京出席开国大典的程潜，惦记着家乡的郭翼青生日（农历八月三十日），深情写下《寄赠翼青三十生日》，并派专人送达。

远道缔良缘，红丝一线牵。迎来丹桂阙，缮想大罗天。

爽气包河洛，佳期会涧瀍。仁亲如漆附，义结比金坚。

高唱偕行曲，低吟好合篇。鹰扬驱虐寇，虎变度流年。

灸艾曾分痛，猗兰每互怜。虑深心转细，智决勇当先。

毓秀看成列，含章许并肩。德随时长进，容像月婵娟。

火宅谋同出，华园喜共迁。何言身懔懔，相戒日乾乾。

踊跃排陈腐，欢欣解倒悬。江山增美丽，人物庆安全。

海阔伤遥别，风平盼早旋。自知筋力瘁，端赖我君贤。

程潜前后4位夫人共育有16个儿女，男有所成，女有所归。

长女程博廉：毕业于中西女校，英文极好。嫁给林祖烈。育有一女二子。林祖烈是林伯渠之弟，早年留学法国，曾任黄埔军校政治教官、苏联顾问鲍罗庭的翻译、国民党外交部驻九江监察员，同时任中共地下党驻九江特派员。

二女程博寿：早年嫁国民党军中校秘书郑尔康，生有二女。后改嫁张立民，育一女一子。在湖南和平起义前夕去往香港。

三女程博德：嫁黄兴之子黄一球。育有一女一子。黄一球曾留德、留美学习，在台湾中华航空公司任机械工程师。

长子程博洪：（1917年—2001年），曾任复旦大学历史学教授、《时与文》主编。新中国成立后，任沪江大学教授、复旦大学拉丁美洲历史研究室主任等职。上海市政协委员。参加编著《拉丁美洲史》《辞海》。

四女程博智：嫁国民党空军军官韩屏元，湖南和平起义前去台湾。

二子程博乾（程元）：（1922年—2008年11月12日），曾任国民革命军排长、连长、参谋、营长、团长等职。湖南和平解放时随父亲程潜起义，加入中国人民解放军。1957年加入中国共产党。曾历任中南军区湖南五十二军团长、五十五军二一五师副师长、江苏省军区苏州军分区副司令员、上海警备区副参谋长、副军职顾问等职。后兼任黄埔军校同学会副会长、中国和平统一促进会常务理事。1988年被授予中国人民解放军胜利功勋荣誉章，2005年被授予中国人民抗日战争胜利60周年纪念章，是第五届、第六届、第七届、第八届全国政协委员。

五女程博硕：毕业于湘雅医学院，在上海担任眼科医师、放射科医师，终身未婚。

六女程博信：在武汉嫁国民党空军军官刘俊，生有4个女儿，后随夫去台湾。

三子程博雍：本在重庆上大学，为响应"十万青年十万军" 抗战，于1944年瞒着全家考上空军官校第二十五期赴印度"腊河"飞行训练初级班。在飞行训练中发生爆炸，成为该期学员里第一个牺牲者。

四子程博厚（垕）：曾任上海交通大学教授，自修波兰语。

七女程熙（程博熙）：（1939年7月13日—2019年1月），出生于甘肃天水（1939年3月程潜为防日寇飞机轰炸，将郭翼青送至甘肃天水杜公祠暂住），国画家。曾在中国画院进修，师从唐云、颜地、赖少其、许麟庐，得到李可染、程十发、吴湖帆等名师指点，初主攻花卉，又习山水。曾在故宫博物院明清档案馆工作，任第一历史档案馆馆员、外交部钓鱼台国宾馆艺术顾问、中央文史研究馆馆员，第九届、第十届全国政协委员。出版有《程熙画集》。

八女程瑜：原名程博渝，1944年11月7日出生于重庆。北京第二外国语学院英语系毕业，"文革"中曾被下放河南明港五七干校监督劳动。后在同仁医院图书馆、眼研所工作，调任北京第二外国语学院英语系助教兼外籍教师翻译。1985年1月，赴美国密西西比州立大学留学，毕业后曾任该大学外语系中文讲师，积极促进两国人民往来，被誉为"民间大使"。1995年后，在美国芝加哥华语东方卫星电视担任中文翻译。退休后参与整理编辑《养复园诗集新编》《程潜墨迹诗文选集》，整理捐献有关湖南和平起义电文稿、文物、照片，多次亲临参与筹建"湖南和平解放史事陈列馆"工作，陈列馆已建成对外开放。曾多次受全国政协、国务院侨办等邀请回国参加有关纪念活动。

九女程文：原名程博汉，1947年9月24日出生于湖北武汉。曾在北京天平实业开发总公司工作，后任香港美食城工会主席。

十女程欣：1951年1月26日出生于湖南长沙，曾先后在张家口国营化纤厂、北京造纸研究所工作，后任中国国际信托公司澳大利亚分公司董事长助理。

十一女程丹：1953年12月5日出生于湖南长沙，曾在北京针织总厂、北京食品研究所、北京国华国际工程承包公司工作，后在电视剧《湖南和平起义》中饰演妈妈郭翼青。

十二女程玉：1958年11月28日出生于北京。被周恩来总理亲切地称为"小千金"，毕业于北京师范学院，后获得美国芝加哥大学博士学位，曾在尼尔森投资咨询公司、芝加哥麦肯锡投资咨询公司工作，后任南都公益基金会副理事长，专做慈善事业。

十、西安西北，重庆重逢

1938年10月，日寇攻占武汉、广州后，接着便向华南地区挺进，中国抗战进入相持阶段。根据形势的变化，11月25日至28日，国民党在南岳召开军事会议，决定设立国民政府军事委员会委员长天水、桂林两个行营，统一指挥南北战场。

坐镇西北

1939年1月，程潜被免去第一战区司令长官，调任国民政府军事委员会副参谋总长。2月1日，程潜就任军事委员会委员长天水行营主任，先暂驻洛阳西工，旋于同月26日迁入陕西西安五岳庙门，驻节西安，坐镇西北。行营冠名"天水"，似取"天河注水"、止战康民之意。

天水行营统辖陕、甘、宁、青、新、藏等14个省，指导北方第一战区（卫立煌）、第二战区（阎锡山）、第五战区（李宗仁）、第八战区（朱绍良）、第十战区（蒋鼎文）、冀察战区（鹿钟麟）、鲁苏战区（于学忠）、晋陕绥宁战区（邓宝珊）等8个战区的作战命令传达、整备培训、宣传教育、通信联络、后勤补给、交通运输以及地方行政事务、军法审判等事宜。天水行营的组织编制及其构成人员，参照桂林行营，设有高级参谋室、参事室、秘书处、总务处、参谋处、军政处、军训处、军法处及特务团、运输队等，另设特别党部。行营官佐编制八百余人，就原第一战区现职人员中抽调组成。

同时，程潜兼任军事委员会西北游击干部训练班第三副主任。"西北游干班"于1939年在西安翠华山太乙宫附近开设，主任为蒋介石，副主任还有白崇禧、陈诚。训练对象主要是国民党第一战区、第十战区和晋察、苏鲁地区各部队副营职以上现任军官，每期3个月，由教官讲授游击战术、野外演习、保家卫国。第二期学员毕业时，程潜亲为《同学录》题书名，并题训词"一心一德"。

轰炸遇险

3月7日，程潜所在天水行营突遭日机12架分两批轮番轰炸，并伴有毒气弹袭击。行营一片火海，在城墙下挖的防空洞被3颗炸弹击中，洞口被炸塌，程潜等一百多名将佐被埋于洞内。行营警卫连长程杰率部抢挖打开洞口时，行营副参谋长张谓行中将（追赠上将）、军训处长李国良中将、军训处副处长刘金声少将、军务处副处长赵翔之少将等64名将校军官已经牺牲，43人受伤，有的留下终身伤残。程潜也已中毒窒息休克，经长时间抢救才苏醒，留下后遗症。据追忆，日寇多批次飞机精确轰炸行营所在，似有汉奸指引。行营机关此后迁驻西安高级中学（原国立西北大学）校内。

3月10日，程潜致电蒋介石报告此事，国民政府为抗战大局，决定优恤牺牲将士，但"不可登报发表为宜"，封锁这一消息。程潜将为国捐躯者集中安葬在西安南郊翠华山下，亲自题名"天水行营殉难将士墓"，亲书天水行营殉难将士墓碑铭：

中华民国对日抗战之第三年三月七日，日本空军袭炸长安行营，死官佐士兵六十四人。事闻，赠官恤金如例，以其月二十九日葬于翠华山麓，聚魄臧蜕，既封既树。呜呼！诸君子奉公殉职，奋乎百世，可谓忠烈也已。潜忝总师干，顽敌未歼，多士俱殒，感念袍泽，悲怆无既，爰铭贞石，以垂不朽。

其辞曰：

太华峻矣，可以步行。黄河广矣，可以苇航。

惟有浩气，上塞旻苍。惟有丹心，横被八荒。

数不可计，譬莫能方。嗟尔多士，实国之良。

如何不吊，遽为国殇。不有死者，国胡以强。

成仁取义，终古流芳。

天水行营主任程潜（一排中）与身边工作人员合影

程潜并题墓牌坊横额"为国捐躯"，对联"六十四人齐殒命；三月七日最伤心"以慰忠魂。

5月13日，国民政府颁令，程潜晋升陆军一级上将。

合作抗日

程潜任天水行营主任，从1938年到1939年，频繁与八路军总指挥朱德、副总指挥彭德怀等就抗战进展情况如百团大战等电报往驰，通报战况、商讨战略、共策抗战。

驻节西安时，与老朋友、八路军驻西安办事处主任林伯渠来往密切，掩护和帮助过一些共产党员和进步人士从事抗日救国活动，还释放了被扣押的一批共产党员。答应让王震的军队过黄河，进入陕北，并且亲自出面制止国民党的反共行动。如当时胡宗南派绥德专员何绍南针对共产党到处制造事端，程潜阻止何绍南的反共做法，并将其调离绥德。

题匾黄陵

程潜在豫陕期间，曾和书法大家于右任、蒋鼎文等，多次前往致祭黄帝陵。程潜第一次为黄帝陵轩辕庙敬题"人文初祖"4个字，意为黄帝是华夏文明和统一的先祖。嗣后由陕西省富平县的石匠雕刻而成石匾。由于运输困难，用牛拉车，运至中部县（1944年改名黄陵县）九里山，车翻匾碎。时县长卢仁山将经过如实向程潜进行了书面汇报。程潜就请其另外备制一幅木匾，1938年4月5日清明节，再为黄帝陵题写"人文初祖"4个隶书大字，笔力雄健、气息高古、笔法深稳，成为经典，制成木匾，至今仍悬挂在黄帝陵轩辕庙大殿门额上。

1940年，程潜前往黄帝陵祭陵，崇功祖德，心情激动，当晚作诗《桥陵颂》：

报本崇初祖，数典颂轩辕。神武开天运，睿智启人文。
书契宫室作，衣冠礼乐新。涿鹿除凶暴，崆峒阐道源。
声教播九州，膏泽被八垠，绵绵垂统绪，烈烈贻子孙。
巍巍则昊苍，皇皇光典坟。我行来西土，持麾镇北门。
恭荷奉祀命，崇礼亿代尊。逶巡陟修坂，回互历重垣。
始见灵宅峰，形胜据高原。冈峦自周卫，沮水复潆湾。
杂花香满道，翠柏黛参天。和禽喧密林，野鹤降云间。
坦步登圣域，斋宿祛尘纷。明发万象清，伛偻献苹蘩。
诚感愿必达，神忾俨有闻。宫墙匪易窥，天阙岂容攀？
朝宗肃端拜，虔企奏承云。至德苞宇宙，荡荡难为言。

1940年5月，蒋介石决定同时撤销天水行营与桂林行营，程潜调往山城重庆，任国民政府军事委员会副参谋总长、战地党政委员会副主任委员。天水行营撤销时，蒋介石对程潜行营中下级人员不予安排，仅拨法币5万元作资遣费。朱德总司令知道后即向西安发话："天水行营裁撤，官兵如无出路，欢迎来延安共同抗日……"

山城参谋

　　抗战军兴，国民党中央常务委员会授权国民政府军事委员会委员长蒋介石行使陆海空最高统帅权，并对党政统一指挥。军事委员会成为抗战时实际最高领导机构，参谋总长襄助委员长指导军委会所设各部、会、厅并处理一切业务。

　　程潜担任副参谋总长后，辅助参谋总长何应钦主要处理相关军事等业务，先后就第二次长沙会战（1941年9月—10月1日）、第三次长沙会战（1941年12月23日—1942年1月6日）、浙赣会战（1942年4月—7月28日）、鄂西会战（1943年5月—6月）、常德会战（1943年11月2日—12月）、豫中会战（1944年4月—5月25日）、长衡会战（1944年5月—8月）、桂柳会战（1944年8月—12月10日）、湘西会战（1945年4月—6月）等中日大会战，殚精竭虑地拟制作战方案、竭力辅助决策参谋，为抗击日本侵略者、夺取抗日战争的胜利做出了重要贡献。

　　1941年，程潜因8月8日以来敌机日夜到渝狂炸，感而赋《八月十三日抗战四周年纪念》一诗：

程潜（车后排右）陪同蒋介石（车后排左）巡视欢庆胜利的重庆百万群众

夷祸自古有，华风终不变。兵交已四年，人心弥固奋。

当其构衅时，虏意何骄恣。吞噬快一逞，海陆争先进。

东南扰吴越，西北犯燕晋。妄冀取威霸，横行无忌惮。

岂知秉礼者，制敌操多算。坚持久胜速，妙用整击散。

遂使凶锐锋，岁月坐凋顿。进退既失凭，穷黩图再振。

通道断梯航，晴空走雷电。举世詈其残，百谋果谁困。

正谊旦夕伸，强暴孰不摈。我歌告同仇，伫听捷音迅。

1942年7月12日，程潜与何应钦、徐永昌、贺耀祖、周至柔等人研究，拟就《收复新疆方略》。1944年12月，何应钦任同盟国中国战区中国陆军总司令，程潜代理参谋总长。

1945年5月5日，程潜在国民党第六次全国代表大会上作军事报告，19日当选为国民党第六届中央委员，31日当选为中央执行委员会常务委员。8月15日，日本天皇宣布无条件投降，23日，侵华日寇代表今井武夫最终来到湖南湘西芷江投降。9月3日，程潜以代参谋总长身份，陪同蒋介石在重庆驱车巡视热烈庆祝抗日战争胜利的百余万群众。

10月10日，程潜首批获授"胜利勋章"。11月9日，程潜被推举为"湖南善后建设协进会"名誉理事，11日出席在重庆开幕的复员整军会议，17日参与会商东北问题。

重庆重逢

在重庆，程潜一如既往坚持国共合作、共同抗战，并掩护了一些共产党人、进步人士从事抗日救亡活动。周恩来、林伯渠等中共中央领导人常去看望程潜，坦诚交谈，共商抗日大计。对中国共产党实行的"坚持抗战、反对投降；坚持团结、反对分裂；坚持进步、反对倒退"的政治主张，以及广大共产党员英勇抗战的行为，程潜极为赞赏，说："完全同意毛泽东主席论持久战的主张。持久战是救亡的根本，国共合作是图存的关键。"

抗战胜利后，程潜期望和平，不希望打内战。1945年8月28日，毛主席以弥天大勇，率中共代表团赴重庆与蒋介石进行和平谈判，期间曾拜访了程潜、叶楚伦、陈立夫和贺耀祖等。以后，程潜又专程回访了毛主席。两人坦诚相见，互相叙旧，漫谈时局，探讨了很多重要问题。

两人在谈到未来全国将要实行由下而上的普选时，毛主席建议程潜参加副总统竞选，如果搞不成，就回湖南搞和平运动。毛主席的一席话，对程潜以后在湖南举行和平起义有着重要影响。1963年，程潜为毛主席七十大寿所写的组诗中"我本多年邀默契"，即指毛主席在重庆对程潜的谈话。

十一、逐鹿中原，竞选南京

中原扼长江，控南北，战略地位特殊且重要，自古以来，逐鹿中原，问鼎天下，耳熟能详。抗战胜利后，中原解放区由江汉、鄂东、河南三块根据地组成。1946年6月，蒋介石撕毁停战协议，调集重兵进攻中原解放区，亲手挑起了全面内战。

进攻中原

1946年2月17日，程潜就任国民政府军事委员会委员长武汉行营主任，掌管华中地区河南省南部及湖北、湖南、江西三省全境，统辖第六绥靖区、第七绥靖区、第十集团军、第二十七集团军、衢州绥靖公署等，但无嫡系部队，举步维艰。5月5日，程潜以抗战期间著有功绩，获授青天白日勋章。

5月10日，国共双方专门就中原地区停止武装冲突签订《汉口协定》。国民党将中原解放区部队五万余人分割包围在以宣化店为中心的纵横不足百里的狭小地区内，解放区面积已不及原先的十分之一。为避免内战，中共中央多次表示愿意让出中原解放区。

6月18日，蒋介石内战部署基本就绪后，撕毁停战协定，令"郑州绥靖公署"主任刘峙统一指挥近30万大军，从北往南呈半圆形阵势，意图围歼中原解放区共产党军队。同时，6月22日，程潜受命调集6个师，自信阳、应城、钟祥一线北上，分路配合、向心进攻宣化店，预定7月1日发起总攻并"全歼之"。

这是刘峙、程潜后来被列为新华社发布的43名国民党战犯的重要原因。

中原解放区在司令员李先念、政委郑位三领导下奋起迎战，并发表声明："要求国民党当局顾全大局，悬崖勒马；要求国民党官兵拒绝参加内战；要求全国爱好和平的人民及国外朋友努力制止这一内战的爆发。"6月23日，中原部队奉命突围。主力分左右两路向西突围转移，经反复冲杀，前后转战3个月，歼敌一万余人，并先后建立鄂豫陕、鄂西北根据地，部分进入陕甘宁、苏皖等解放区，为中共战略全局争取了宝贵的时间。9月12日，《解放日报》发表《蒋军必败》的社论。

改任行辕

1946年9月15日，国民政府军事委员会委员长武汉行营改为"国民政府主席武汉行辕"，程潜改任武汉行辕主任，辖区包括湖南、湖北、江西、安徽、福建、河南等省和河北一部分地区，并辖第五十二师、第五十六师、第八十五师共3个整编师，负责华中防务。

1947年4月17日，国民党中央常务委员会通过程潜为中央政治委员会委员。5月22日，武昌学生举行反内战游行。6月1日，武汉军警拘捕武汉大学教授、学生，发生冲突，打死学生3人。2日，程潜向副参谋长王大鸣、武汉警备司令彭善查询此事，悲愤地说："向手无寸铁的学生开枪，岂有此理！惨案发生前我一无听知，但作为行辕主任，我有不可推诿的责任。"

弘扬理学

1947年冬，程潜经过深思，以治军从政四十多年、门生故吏遍全国的底蕴，决计参加国民政府副总统竞选，组成竞选筹备班子，由何成浚、贺耀祖主持，筹集助选资金1亿元。

程潜赶写《程朱理学的研究》，以宣传其政治主张。组织了"民主政治会"，创办《民主论坛》杂志，为其造势。同时，频繁向社会各界发表演讲，阐述其政治见解。

1948年2月23日，程潜在武汉各界助选运动茶会上发表《相期无负平生》的致辞，阐明自己参加竞选副总统的意向。3月初，程潜到长沙演讲，以《国家与地方》为题，针砭"省市自治"等错误论调。8日，程潜前往湖北汉口，在庆祝三八妇女节大会上发表《论妇女问题》讲演，阐明自己的政治见解和对妇女问题的看法。11日，程潜在湖南大学操坪，以《思想与教育》为题演讲，畅谈自己的经历和做人的哲理。

三选副总统

3月21日，程潜率助选团成员到南京，29日，出席国民党在南京召开的第一届国民大会开幕会。之后，6位候选人都为当选而想方设法。程潜等连日分别招待国民大会代表，分赠自己的作品《养复园诗集》，"以文会友"。程潜竞选委员会发言人宣称："最后胜利必归最不雄辩然最诚实的人。"

4月19日，蒋介石当选为总统。20日，大会主席团公告副总统候选人：孙科、李宗仁、程潜、于右任、莫德惠、徐傅霖。23日，副总统竞选首轮投票中，每位代表入场就收到一张《救国日报》，头版刊登一篇《敝眷蓝妮》，记述孙科与他的情妇蓝妮一段风流韵事的文章轰动会场。投票结果：李宗仁754票，孙科559票，程潜522票，于右任493票，莫德惠218票，徐傅霖214票。孙科恼羞成怒，立即派人将《救国日报》社捣毁。24日，票数排名前二位者继续参加第二轮投票，李宗仁1163票，孙科945票，程潜616票，无人获得过半数票，程潜仍居第三位。

此时，蒋介石在幕后操纵为孙科拉票，程潜遵蒋旨意退出选举，引起各方侧目。其后，李宗仁、孙科也相继退选。面对桂系的咄咄逼人，蒋介石为收场也只好找3人长谈，要求他们继续参选。28日，第三轮投票中，李宗仁1156票，孙科1040票，程潜515票。3人得票数仍都未过半。经过激烈斗争，程潜退出竞选。29日第四轮投票中，程潜支持票改投李宗仁。李宗仁1438票，孙科1295票。李宗仁以微弱多数战胜蒋介石意欲支持的孙科，当选为国民政府副总统。

程潜竞选副总统失利后，一度心灰意冷，尤其是目睹国民党军政

67

腐败、人民反战要求民主和平，遂萌他意。5月1日，"中国宪政协进会"成立，程潜被推为理事长。19日，蒋介石下令撤销"国民政府主席武汉行辕"，建立"武汉绥靖公署"，程潜仍为主任。

十二、主政三湘，挹注百姓

1948年6月21日，程潜任湖南省政府主席。29日，"武汉绥靖公署"改为"长沙绥靖公署"。7月，白崇禧就任华中"剿匪"总司令部总司令，副总司令有李品仙、陈明仁、潘文华、霍揆彰、张轸、夏威、宋希濂、孙震、徐祖诒等。

长沙绥靖公署证章

发布施政纲要

7月24日，程潜从武汉抵达长沙。28日，程潜主持召开省政府委员会第一次会议，通过《省政府施政纲要》，提出"今后施政方针，必须以加强自卫，注意民生，提高行政效率，转移社会风气为基础"。同日，程潜在省参议会第七次会议上报告施政方针，涉及民政、财政、建设、教育、保安诸方面。30日，程潜指示长沙市政府迅速改善市政建设。

8月2日，程潜宣布将他在醴陵原籍和长沙郊区的所有田产，捐作当地公益事业经费。10日，程潜与省政府委员、厅（处）长宣誓就职，并发表《告湖南全省同胞书》。之后两个月内，程潜又先后发表《告全省转业及退役军人书》《告湖南省属县市土豪劣绅书》《告全省商人书》《告湖南帮会书》《告湖南妇女界书》《告湖南全省工人书》《告湖南全省农民书》等有关布告新政、整饬纲纪、扭转社会风气的文告。

9月1日，程潜特任"长沙绥靖公署"主任，同时兼任湖南省"绥靖总司令部"总司令及军管区司令部司令官，辖湖南、江西两省及湘、川、黔边区。

调整省府人事

程潜就任之后，就着手安排了一批主张和平自救的人士参与省政：萧作霖先任湖南省保安司令，后又任长沙警备区司令；邓介松任省府秘书长；刘岳厚任长沙绥署秘书长；王恢先任建设厅长；李维诚任省银行经理；方叔章任省府咨问；桯星龄任省府物资调节委员会主任。

1948年冬，经原南京国民政府国防部参谋次长刘斐推荐，又任唐星为"长沙绥靖公署"副主任。这些人力主程潜走和平自救之路，免除湖南三千万人民的痛苦。12月12日，为统一协调湖南省党政军各方力量，有利于湖南和平自救的开展，程潜决定成立湖南省党政军联合办公室，萧作霖任主任，程星龄、张严佛、仇硕夫任副主任。办公室下设机要、军务、外事、党政、警卫、总务各组。主要任务是掌握政府人员和军队官兵的情况，积极支持全省人民反内战、要和平的群众运动，防止特务对和平运动的破坏等项工作。

组建军事力量

当时蒋介石对程潜不放心，加派其湘籍黄埔亲信如：李默庵任"长沙绥靖公署"副主任兼第十七绥靖区司令（驻常德）、黄杰任国防部第四编练区司令（驻衡阳）、刘嘉树任"长沙绥靖公署"参谋长等回湘掌握军政大权，以图架空程潜。而程潜赤手空拳，全无兵权，势必难对桂系有所牵制。为此，蒋介石又故技重演湘桂争雄，批准程潜在湘组建2个军5个师，兵源在湖南解决，经费与装备由南京政府拨付。

程潜抓紧时间扩充部队，组建了第十四军和一〇二军，军长分别为张际鹏和成刚。两个军下辖三一四师，师长陈达；三二三师，师长汤季楠；二三二师，师长康朴；六十二师，师长夏日长；十师，师长张用斌，共计兵力约6万多人。湖南省保安部队亦进行调整充实，改编为4个旅，后又改为第一、二、三、四共4个师，师长依次为何元恺、周笃恭、张际泰、丁廉，共计兵力四万多人。这些部队的军、师、团长大多是程潜的学生、旧部或家乡人，士兵主要是湖南人，程潜初步掌握了部分军队。

改组省党部

国民党湖南省党部主任委员张炯积极反共，破坏湖南人民反内战、反征兵、反征粮的群众运动。程潜先派人将他身边亲信何汉文、省党部主要骨干社会处长刘修和、地政局长朱有为等人争取过来，并利用他们来孤立张炯，迫使张炯主动提出辞职离开长沙。

1948年10月4日，国民党湖南省党部改组，程潜兼任主任委员。11日，并经国民党中央党部批复同意。省党部制定检讨全省国民党党务工作，形成支持国共和谈氛围。

改选省参议会

参议会是国民党为动员全国人民抗战、在中共与各民主党派要求下建立的民意机关。湖南省临时参议会（1939.8—1946.4）、湖南省参议会（1946.5—1948.12）的议长，一直由原来当过湖南省主席的赵恒惕担任。其坚决反共、并与程潜宿怨很深。

1948年冬，程潜派省保安副司令萧作霖"拜访"赵恒惕，表示将加强对他的警卫保护安全。赵恒惕借参加全国粮政工作会议之机，以患尿闭症为由去上海，然后转赴台湾，坚请辞职。12月21日，程潜主导省参议会改选原副议长唐伯球为议长，席楚霖为副议长。唐、席二人思想进步，积极配合、追随程潜进行和平运动。

1949年，湖南省参议会多次激辩、屡次通电，呼吁和平，并向国、共分别提出和平建议，省参议会议长唐伯球并通电全国，呼吁和平。

治腐撤戡

程潜严厉制裁土豪劣绅及在乡不法军人，下令撤销各县自卫队。1948年9月11日，程潜下令拘押蒋介石的亲信、贪污巨额粮款的省田粮处长黄德安，并派员拘讯有关人犯，换由蒋固继任。为清查粮政积弊，批准成立清算机构，负责追查历次赋谷，并由省政府派员对撤换各县田粮处长及仓库主任的移交工作进行监督。至同年12月，全省共追回旧赋3.15万余石，先后拘押三十余人送法院侦审。

9月16日，程潜下令撤销湖南"戡乱救国委员会"。为减少蒋介石、白崇禧对自己的怀疑，程潜又于10月1日公布"戡乱救国"五项公约：以精诚团结捍卫国家，以公正廉明改良政治，以精忠勇敢整训军队，以勤俭朴实建立经济，以刚中乾健"剿灭共军"。10月5日，程潜发表《全省公务员应遵守的五项公约》。

减租停征

程潜于1948年9月16日兼任新成立的省农村复兴委员会主任委员，以行宪、治弱、救贫为宗旨开展工作。同年底颁令湖南实行"二五减租"，即由原租额减去25%，也就是减去四分之一，为农民减轻负担。程潜还授意对南京国民政府追加派给湖南的军粮任务，能拖就拖，相对地减轻了湖南人民的负担。

南京国民政府为进行内战，原来计划在湖南征兵22万人。程潜于1949年1月23日通电各专署、各县府、各师管区司令、各团管区司令，下令停止征兵。黄杰、刘嘉树、杨继荣等人反对，程潜答复过春节后再复征，实际上以后再未提起此事。明令停征后，湖南人民拍手称快。

稳定金融

此时，国民政府滥发金圆券，造成恶性通货膨胀，导致民怨沸腾，国民党财政金融全面崩溃。程潜抵制发行金圆券以图挽救人心。

1949年1月初，程潜获悉国民党中央银行长沙分行将库存35088.274两黄金偷运至衡阳，复连同中央银行衡阳分行库存的黄金于7日运抵广州一事，十分震怒。15日，程潜致电蒋介石及财政部长徐堪：速运黄金来湘，并即开办存兑，以免激起民愤，并将潜逃上海途中的长沙分行经理辛蘅若在江西羁押回长沙。23日，程潜明令即日起暂停运输锑钨矿出境。

2月2日，程潜颁发湖南省《临时安定金融办法》，以制止涨风，稳定金融。程潜还下令将长沙分行库存白银23.5543万两及银圆65.0336万元全部提出交湖南省银行保管，由省财政厅控制，禁止运出湖南。

程潜采取上述开明措施，使湖南人民看到了一线和平的曙光。省党政军大权基本掌握在反战主和派的手中，湖南人民的负担有所减轻，人心较为安定，局势亦较稳定。

十三、支持和谈，追求和平

从1948年9月12日至1949年1月31日，短短142天，中国共产党领导指挥装备弱势的人民解放军乘着粉碎全面进攻和重点进攻的胜利，发动规模空前的辽沈、淮海、平津三大战役，与国民党进行战略决战，一举歼灭了国民党赖以统治全国的主要军事力量154万余人，取得了解放战争的决定性胜利。这一历史性的大决战、大转折，震惊中外。

酝酿和平

1948年10月，中共湖南省工委通过程潜族弟程星龄、湖南省特种矿务局管理处专门委员马子谷等，邀请"长沙绥靖公署"秘书长刘岳厚、长沙市市长蒋焜、省银行经理唐文燮等上层人士，在长沙市王家菜园蒋焜家中举行时事座谈会，后来每周一次，延续到12月，主要议论时局、探讨湖南出路。

11月19日，中共湖南省工委统战工作小组通过省政府顾问方叔章出面，邀请省物资调节委员会主任程星龄、省保安司令部副司令萧作霖、省政府秘书长邓介松、湖南大学教授李达、伍薏农和肖敏颂（中国民主同盟湖南地下组织负责人）等，在长沙河西桃子湖方叔章家聚会，漫谈形势。李达所谈"和、战问题，湖南只有走和平道路"的识见，对与会者启发很大。之后，程星龄、萧作霖将内容转告程潜，程潜对李达的讲话表示赞同。

12月25日，新华社公布43名国民党战犯名单，程潜名列第26位。这使正在酝酿走和平出路的程潜有很大的顾虑。31日，程潜经过深思，决定委托程星龄与中共湖南省工委秘密联系，表示决心脱离国民党政府的意向。

赞成和谈

1949年1月1日，蒋介石发表《新年文告》，提出"和谈"，21日，宣布"引退"，由李宗仁代理"总统"，表示愿意和共产党进行和平谈判。

1949年1月14日，毛主席发表《关于时局的声明》："虽然中国人民解放军具有充足的力量和充足的理由，确有把握，在不要很久的时间之内，全部地消灭国民党反动政府的残余军事力量；但是，为了迅速结束战争，实现真正的和平，减少人民的痛苦，中国共产党愿意和南京国民党反动政府及其他任何国民党地方政府和军事集团，在下列条件的基础之上进行和平谈判。"这些条件包括惩办战争罪犯等八项。毛主席在声明中，希望各民主党派、各人民团体，大家起来争取真正的民主的和平，反对虚伪的反动的和平。南京国民党政府系统中的爱国人士，亦应当赞助这样的和平建议。

程潜多次发表谈话、电函，公开赞成国共和谈，1月22日，程潜决定反战主和，并将电文在长沙《中央日报》上发表，并表示：今后国家局势不论其如何动荡，湘省施政悉以人民利益为前提。1月，程潜派人与中共秘密联系，对中共提出的和平谈判八项条件，认为除了"战犯"一条外，其他各条均可接受，对列名于战犯心存疑虑。1月下旬，中共湖南省工委派遣余志宏负责对程潜的联络工作，程星龄作为程潜全权代表负责接洽联系。

2月，程潜公开发表谈话，宣布允许言论、出版自由，责成长沙警备司令部释放原来关押的政治犯百余人。其中有些是共产党员，但更多的是被诬陷的"嫌疑犯"。

2月，国共正在酝酿和谈，李宗仁从南京电邀程潜前往商谈。3月1日，程潜在程星龄和唐星陪同下赴南京，与李宗仁、白崇禧会面。6日，著名人士章士钊从上海来到南京，与程潜作了一次长谈，转告了自己到华北面见毛泽东主席所委托转达的意见，进一步消除了程潜对起义的顾虑。在南京期间，程潜出席美国驻华大使司徒雷登为之举行的便宴。16日，程潜由南京飞返长沙。

决心和平

4月13日至15日，以周恩来为首的中共代表团，同以张治中为首的国民政府代表团在北平举行和平谈判，双方经过多次反复磋商，达成《国内和平协定》最后修正案共8条24款。20日，在蒋介石操纵下，南京国民政府拒绝在和平协定上签字。21日，毛主席、朱德总司令发出向全国进军的命令，人民解放军发起渡江战役，百万雄师过大江。4月23日，南京解放，统治中国二十多年的国民政府覆灭。接着，人民解放军以摧枯拉朽之势横扫千军，追歼国民党残余部队。

面对人民解放军横渡长江节节胜利，经过中共湖南省工委的争取工作，章士钊、程星龄、方叔章等有关人士的联络支持，程潜逐步坚定了和平的决心，说："打不能，跑不行，只有和。"遂决心在湖南起义。他发表书面谈话，坚定表明："我们人民希望和平甚切，我更希望和平甚切。至以我列名为战犯之一，我不加辩白，我愿意接受人民的公判，倘真认为我有战犯的罪行，虽碎尸万段，亦所不辞！湖南是三千万人民的湖南，正如中国是全中国人民的中国一样；我不承认少数人以主人自居，而能左右大多数人民的命运，更反对存心偏私不顾大众死活的人出卖湖南！我以至诚至正的决心，以我们点滴归聚的群力，求使湖南免于战祸的惨痛，求使人民免于炮火的灾害，求使社会秩序安定，求使地方元气保全！这是我的愿望，我相信这也是人民的要求！我为三千万人民服务，我希望在这安危所系的关头，大家努力，协同一致，满足这个最低限度的要求。"

4月间，程潜获知湖南大学李达教授将赴北平晋见毛主席。程潜即邀李达密谈，请其向毛主席汇报湖南准备和平起义的方案、步骤和存在的问题。李达抵北平见到毛主席报告了有关情况。毛主席获悉湖南情况后非常高兴，随即派人送信给程潜。收到毛主席的信，程潜备受鼓舞。

支持和平

程潜与陈明仁等采取开明政策，支持湖南各界人士的和平运动。

1949年1月6日，省会52个人民团体通电全国呼吁和平，决策组织和平促进会。2月2日，湖南人民和平促进会正式成立，仇鳌为主任干事，唐伯球、方鼎英、刘公武等三十多人当选为干事，主张以发动人民力量、促进国共双方停战言和、早日实现全面和平为宗旨。

4月5日，程潜召集军政负责人谈话指示：对学生游行，政府不应予以阻拦，所有军、宪、警出动维持治安秩序，绝对禁止携带武器，不能借故与学生发生冲突。

4月22日，省参议会、湖南人民和平促进会联合召集湖南工会、农会、妇女会、商会等11个人民团体代表及士绅百余人，在省参议会举行会议，由仇鳌报告有关情况，决议成立湖南各界争取和平联合会，提出湖南"不设防，不备战，湖南人民大团结"等口号，发表了《湘人奋起团结，誓死争取和平》的宣言。

程潜于4月15日派衡阳警备司令蒋伏生携亲笔信邀唐生智赴长沙共商和平未果，25日又派专使席楚霖、陈云章等赴东安邀唐生智。唐生智为着湖南和平，遂捐弃前嫌于28日抵达长沙，程潜同陈明仁、唐星等到车站欢迎，各方在"安定湖南、团结挽救危局"等问题上取得共同意见。4月底，"湖南人民和平促进会"改名为"湖南各界争取和平联合会"，改推唐生智为主任委员，号召团结一致、共谋和平。

5月2日，湖南各界争取和平联合会在省参议会礼堂举行省会各团体、各界人士欢迎唐生智大会，唐生智应邀致辞。会议决定将"湖南各界争取和平联合会"改为"湖南人民自救委员会"，推选唐生智（湘南）为主任委员，仇鳌（湘中）、陈渠珍（湘西）为副主任委员，刘公武（湘北）为常务理事兼总干事。会议呼吁全省各界在国共和谈破裂的危机时刻，湖南人进行自救，反战图存，争取湖南和平。并规定各市、县成立自救会，编组武装，自保自救。4日，贺耀祖、宋希濂抵长沙，程潜、唐生智等与其就湖南和平自救问题作过磋商。

湖南省和平自救活动逐步开展。

民主党派促进和平

此时，三民主义同志联合会（简称民联）、中国国民党革命委员会（简称民革）、中国民主同盟（简称民盟）和中国民主建国会（简称民建）等在湖南相继建立了组织，与中共地下党协调配合，开展支持程潜起义的活动。发动一串连省会各界知名人士积极参加呼吁和平签名活动。长沙《中央日报》《长沙晚报》，刊登了五百多人签名的《长沙各界为拥护当局主张避免战祸呼吁和平宣言》，号召各界同胞团结一致，誓为程潜、陈明仁作后盾，力争湖南局部和平的实现。

是年春，湖南民联成员钱去非从上海带回了民联中央负责人陈铭枢劝程潜早日弃暗投明、率部起义的亲笔信。钱去非等人向程潜当面转交了这封亲笔信，并转达陈铭枢在上海所谈的情况，劝其早日作出起义决定。

湖南在乡军官会和其他各人民团体纷纷拥护团结自救的主张，推动全省和平自救活动。

5月16日，白崇禧及其二十多万部队从武汉撤退至长沙后，对湖南和平自救活动进行压制，企图胁迫程潜和唐生智去广州。在这种形势下，唐生智被迫于5月底偕旧属返回东安，从事地方武装的策反工作。

十四、联手筹划，联名起义

程潜回湘后，整编6个地方保安师，但新兵多、战斗力不强。1948年冬，适逢反对蒋介石打内战而辞职的前参谋次长、醴陵老乡刘斐回湘来到长沙。程星龄和刘斐向程潜建议，把第一兵团司令官陈明仁调来湖南，协助程潜掌握军权。经程星龄和中共湖南省工委商议同意，由刘斐出面劝说白崇禧，将陈明仁调驻湖南。

联手陈明仁

1949年2月18日，陈明仁率第一兵团所部第七十一军、第二十九军五万余人，由武汉移驻湖南，兵团司令部设长沙市郊望城坡。陈明仁一直因"能征善战"而成为蒋介石的干将，以敢打硬仗、恶仗著称，尤其四平之战，连林彪都曾铩羽而归。然而，陈明仁因功成罪，为陈诚所构陷后，却被蒋介石撤职查办，赋闲南京，内心十分不满。不久，在四平被俘的胞弟陈明信被释放回到南京，陈述了解放军优待俘虏的政策。陈明仁见解放军不记前仇，未因自己曾经"剿共"而杀胞弟，深为感动。

陈明仁到长沙后就拜访程潜。陈明仁是程潜早年办的陆军讲武学校的学生，又与程潜是醴陵同乡，关系较深。程潜设宴招待，并把陈明仁引到密室共商，陈明仁表示以程潜的"意志为意志"。两人筹划抓住军队、稳住阵脚，致力湖南和平，并密定陈明仁在公开场合以"反共"面貌出现迷惑蒋桂，暗中密切配合。

3月27日，白崇禧到长沙会晤程潜，商讨江南防务，并逼请程潜去广州就任考试院院长，由唐星从中斡旋才作罢。4月初，白崇禧逼程潜撤掉邓介松的省府秘书长职务，推荐其亲信杨继荪继任。4月底，

程潜（左）与陈明仁（右）合影

白又逼程潜撤掉萧作霖的长沙警备司令之职，改由陈明仁继任。5月7日深夜，程潜召集程星龄和唐星开会，追忆他1928年被李宗仁扣押的经过，控诉白崇禧撤退到长沙对他的种种辱骂和无端指责，接着一起商讨今后出路。

送交《备忘录》

4月下旬，程潜先后两次会见中共湖南省工委代表余志宏。余志宏转达省工委的意见，要求释放政治犯，保护财产、档案、工厂、桥梁、铁路，不捕杀革命群众。程潜原则上接受省工委的意见。5月，程潜根据中共湖南省工委代表余志宏转达的意见，安排专人起草，并亲笔签署致中共中央和毛泽东主席《备忘录》。6月中旬，程潜向中共湖南省工委正式递交《备忘录》，向毛主席明确表示："潜从事革命凡四十余年，服膺三民主义始终不渝；去年返湘主政，曾采取一系列措施反战主和；决定根据贵党公布之和谈八条二十四款之原则，谋求湖南局部和平；具体事宜望双方指派代表成立军事小组，详细商谈，密切配合行动。"

程潜在《备忘录》中，详细分析了当时湖南省军政状况，鲜明地表明了自己的政治立场，提出了起义的困难和建议，正式表明湖南和平起义的意图和部署。6月，《备忘录》迅即由中共湖南省工委派人送呈中共中央。毛主席收到程潜的《备忘录》后，立即亲拟电稿，于7月4日给程潜复电："先生决心采取反蒋反桂及和平解决湖南问题之方针，极为佩慰"，"如遇桂系压迫，先生可权宜处置一切"。复电并同意程潜所提成立军事小组、联合机构及保存部队予以整编教育等项意见。程潜收到毛泽东复电后，即派刘纯正去汉口与人民解放军第四野战军联系，要求解放军从速入湘，以便待机起义。

5月7日，受中共中央社会部派遣，中共党员周竹安由上海抵长沙，在长沙县桥头驿国民党退役师长周启铎家建立秘密电台。程潜用该电台与中共中央直接联系，表示愿走和平之路。周竹安一方面将湖南情况向毛主席汇报，另一方面又将毛主席的指示电文转告程潜，使其心中有数。

求策毛主席

程潜同时还派唐鸿烈去香港寻找中共关系。唐与中共香港地下组织负责人之一的乔冠华联系后，乔将程潜准备起义的情况报告给了毛主席。6月2日，毛主席致电林彪等："可能齐头并进，一气打到赣州、郴州、永州（零陵）之线……程潜、李默庵、陈明仁有和我们合作反蒋反桂之可能性。……惟发动不可太早，应使白崇禧安心作战，待解决白部后，再发动归于我方。"并派李明灏南下参与争取程、陈起义工作。程潜获悉后，顾虑进一步解除，起义步骤进一步加快。

6月，程潜又派程星龄、刘岳厚赴香港会见章士钊。章很关心湖南和平起义事宜，并亲笔写信由程星龄带交程潜。章在信中赞扬毛泽东是杰出的领袖，对程潜在湖南起义期望甚殷。信中还提到陈明仁在四平街的问题，

李明灏

说毛主席不予追究，并用了划船各为其主作为比喻。程潜即转告了陈明仁。陈很激动，并坚定决心同程潜合作实现湖南和平起义。

7月初，程潜等人向毛主席提出：在起义后，部队用国民党人民解放军的名义，成立湖南人民临时军政委员会。毛主席与中共中央领导人研究后，决定同意程潜的要求。毛主席命令人民解放军正面占领岳州、湘阴，侧面占领平（江）、浏（阳）、醴（陵），但暂时不占长沙，以利举行谈判，和平解决湖南问题，并叫程潜及有关各方保持镇静，不要恐慌。

7月到8月6日，毛主席在收到程潜的《备忘录》后，连续五次发电报，对湖南迎接解放工作做出七项具体指示，强调：应极力争取程潜用和平方法解决湖南问题。程潜所提……三项要求原则上均可照准……（见《湖南和平解放接管建政史料》，湖南省档案馆编，湖南人民出版社2009年版，188页-309页）

智斗蒋李白

在解放军挺进湖南之际，白崇禧退守衡阳。7月14日，程潜断然拒绝李宗仁敦促他前往广州出任"考试院长"的要求。16日，程潜秘密会见人民解放军第四野战军联络员刘梦夕，就起义有关问题表明：已同陈明仁会商，指挥陈部无问题。程、陈部队现驻湘西、益阳、湘潭、宁乡、湘乡、邵阳一线；白崇禧拟撤衡阳，由陈守卫长沙，为避免白之疑心，自己决定离开长沙一段时间；起义后希望保留部队，暂用国民党人民解放军或国民党人民自卫军名义，以便对西南有所号召，待全省解放后再将部队交出整编；部队起义后，即配合人民解放军作战。18日，中共中央军委复电同意程潜的意见。

7月21日，程潜利用白崇禧的"调虎离山"之计，率领省府部分人员和警卫团去邵阳，手令由陈明仁代理湖南省政府主席。在邵阳，程潜先后召见了汤季楠、夏日长以及湘省保安司令部各师师长等所部主将，要求他们掌握好部队，控制好湘乡、湘潭至长沙一线。程潜还指定邓介松、唐伯球、程星龄、刘伯谦等起草起义文稿。27日，陈明仁秘密派遣程星龄（代表程潜）和李君九（代表陈明仁）到平江县，与人民解放军和平谈判代表团联系，并邀请人民解放军代表李明灏来长沙商谈。中共湖南省工委委员欧阳方也以联络员身份和他们一道去平江县，向随军南下的中共湖南省委领导汇报工作、听取指示。29日，李明灏由平江秘密来到长沙。同日，程潜也由邵阳秘密回到长沙。当晚，程潜、陈明仁和李明灏一起密商起义事宜。30日，白崇禧电告陈明仁，着即解除程潜护卫武装，实行兵谏。接着，国民政府明确要求程潜辞去湖南省政府主席，由陈明仁接替；撤销"长沙绥靖公署"，成立湖南省绥靖总司令部，陈明仁兼总司令。

8月1日，蒋介石派黄杰、邓文仪持蒋的亲笔函及行政院长阎锡山的专函由广州飞来长沙，"迎接"程潜飞赴广州就任考试院长，程潜拒绝与其见面。蒋的亲笔函嘱命陈明仁大义灭亲，将程潜明正典刑。陈明仁将信给程潜看后，程潜十分愤慨，随即两人一起研究了起义前部队的布防问题。

通电起义

8月1日晚上，程潜以个人名义通电西南、西北各省，揭露蒋介石和桂系的罪恶，呼吁西南、西北各省军政长官幡然悔悟，站到人民方面。2日，程潜、陈明仁按照中共的要求，下令所辖第一兵团及省保安部队撤出长沙市及城郊各交通要道，并派出军事代表前往春华山人民解放军驻地，洽谈和平接管长沙具体事宜。3日，程潜致电毛主席、朱德总司令：宣布正式脱离广州政府。即日成立湖南人民临时军政委员会，由程潜、唐生智、陈明仁、仇鳌、唐伯球任委员，并推程潜为主任委员。由军政委员会推定陈明仁任湖南省政府临时主席，并决定第一兵团改组为中国国民党人民解放军第一兵团，推定陈明仁兼司令官。3日晚上，程潜与林彪双方签订《长沙和平协定》。

8月4日，程潜、陈明仁两将军领衔37名国民党湖南省军政要员联名通电全国，率十多万将士正式宣布起义。同时，程潜、陈明仁一并发表《告湖南民众书》《告全省将士书》《告全省各级官员暨所属军

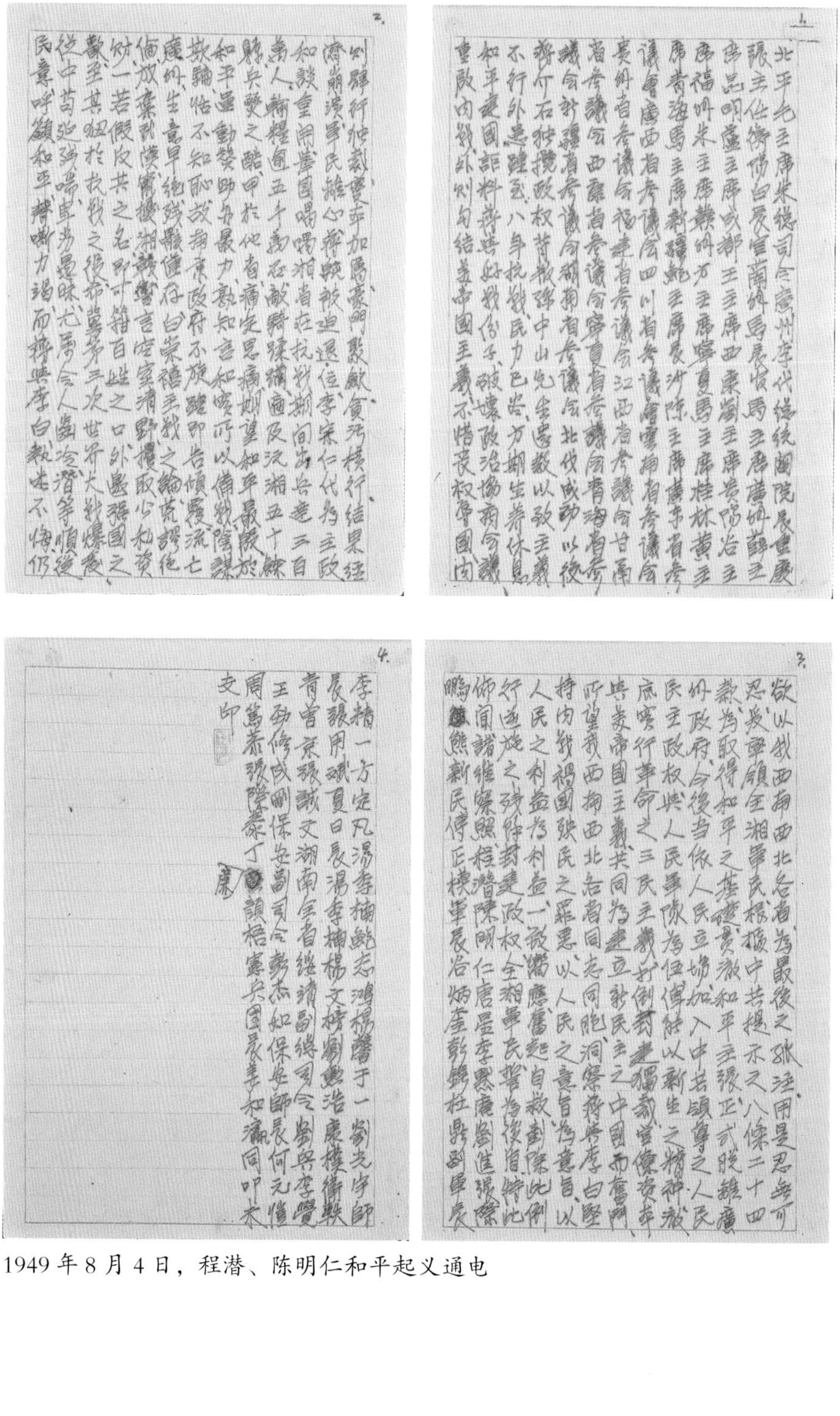

1949 年 8 月 4 日，程潜、陈明仁和平起义通电

《告湖南民众书》

师官兵及全省人民》等文告。

8月5日傍晚，人民解放军第四野战军第12兵团第46军138师在长沙举行了庄严盛大的入城式。三路威武雄壮的队列、整齐划一的步伐，浩浩荡荡进入长沙市区。长沙十数万群众夹道欢迎人民解放军入城，鞭炮齐鸣，锣鼓喧天，欢呼声震荡全城，响彻云霄，宣告湖南和平解放。6日，人民解放军第四野战军和谈代表由平江到达长沙。程潜、陈明仁等派出五人和谈代表团举行谈判，协商拟成协议9条，主要有：湖南人民临时军政委员会改称湖南人民军政委员会，程潜为主任，黄克诚为副主任，委员为陈明仁、金明、袁任远、唐天际、周里、仇鳌、唐星、李明灏；正式确认湖南省临时政府主席由陈明仁兼任，袁任远任副主席。

平定叛乱

闻讯程潜与陈明仁起义之后，国民党宣布开除程潜党籍。白崇禧等更是恼羞成怒，于8月5日、6日连续派飞机至长沙、湘潭、邵阳等

85

解放军进入长沙

地狂轰滥炸，许多官兵深受其害，湖南省府办公楼以及程潜、陈明仁的住所均遭轰炸。6日，国民党广州行政院任命黄杰为"湖南省政府主席、湖南绥靖司令及第一兵团司令"，暂驻芷江，拼凑兵马，以图挽救。

程潜与陈明仁所辖的国民党第一兵团、长沙绥署以及湖南保安司令部的大部分军队，分散驻防于湘潭、湘乡、邵阳、衡阳一带。宣布起义后，官兵对长沙的局势不甚了解。白崇禧用飞机散发传单、派人散布谣言，制造混乱，悬赏奖励叛逃，致使第一兵团副司令刘进、彭壁生、张际鹏、熊新民，第十四军军长成刚、第七十一军军长彭锷、第一〇〇军军长杜鼎等带领5个师及1个团的官兵先后叛逃。为此，程潜、陈明仁、第四野战军暨华中军区和谈代表团，分别于8月7日发表了《告全体起义官兵书》，指明前途，以稳军心。

程潜与陈明仁联名请求人民解放军第四野战军派兵弹压叛逃部队。经过艰苦战斗，叛逃部队大部分先后被歼被擒，部分官兵自动醒悟返回起义队伍。

两次整编

8月14日，程潜和陈明仁抓紧将各起义部队集中于浏阳、醴陵等地，开展第一次整编整训等项工作。经毛主席和军委批准，起义部队整编后的番号为"中国国民党人民解放军第一兵团"，下辖第一军、第二军、第三军，共9个师，3.6万余人。这一特殊的番号在人民解放军的历史上，是独一无二的。

11月1日，根据广大起义官兵的强烈要求，经毛主席和军委批准，起义部队番号正式改为中国人民解放军第二十一兵团，序列人民解放军第四野战军，下辖第五十二军、第五十三军，共6个师，3.7万余人。经过整编，第二十一兵团成为一支新型的人民军队。

十五、各方响应，各地景从

程潜是国民党元老，长期身居要职，而陈明仁又是蒋介石黄埔嫡系、抗日名将。他们率领湖南省军政官员起义，开创了一省起义的先河，动摇了国民党的残余统治，加速了中国革命的胜利进程，意义十分重大。

毛主席高度评价

1949年8月16日，毛主席、朱德总司令来电嘉勉程潜、陈明仁起义，高度评价："诸公率三湘健儿，脱离反动阵营，参加人民革命，义声昭著，全国欢迎。"

8月25日，《人民日报》发表毛主席亲自修改的新华社评论《湖南解放的意义》。该文指出："湖南的起义，严重地震撼了华南、东南、西南、西北的国民党残部，湖南的起义告诉他们，对于人民解放军的抵抗是没有前途的。唯一的光明前途，就是脱离蒋、李、白匪帮，接受中国共产党的领导。"

湖南各界响应

8月5日，湖南耆宿和各界知名人士唐生智、周震鳞、仇鳌、刘公武、方鼎英、邓飞黄等104人（其中先后加入民革、民联的成员有41人）联名发出通电，响应程潜、陈明仁和平起义。响应通电中说："顷读程颂云先生通电，呼吁和平，谴责蒋桂，理直气壮，义正词严。义帜高悬，毅然脱离广州政府，而与人民解放军合作，顺天应人，利群克己，凡有血气，莫不赞叹……"并公开呼吁："湘人在革命军中，赴义向不后人。自灭清以来，倒袁、北伐、抗战无役不从，牺牲最大。今当进入真正人民民主时代，自应精诚团结，为西南各省作后援，自救救人，愿共努力。"同一日，国民党中央军校毕业生调查处湖南分处主任黄雍等140名全省在乡军官发表通电，宣布拥护程潜、陈明仁率部起义、参加人民解放事业。

8月5日晚上，程潜等和中共省市工委、长沙市各界迎接解放联合会组织十多万市民，欢迎人民解放军第四野战军第一三八师入城，开启了湖南历史的新篇章。

湖南各地纷纷响应程潜、陈明仁和平起义：8月3日，湘东师管区司令蔡杞材在湖南益阳起义。8月11日，湘潭县警察局长温国纯率部起义。8月12日，新化县县长伍光宗通电起义。10月10日，新宁县长徐君虎率部起义。10月20日，通道县侗族上层人士粟昌福宣布起义。11月5日，原国民党"湘南行政公署"主任欧冠在江华、蓝山起义。11月7日，原国民党"沅陵行政公署"主任陈渠珍起义。11月15日，桂系"新七军"军长曹茂琮在道县、宁远、永明一带率部起义。湖南全省解放进程大大加快。

民革民联电贺

8月6日，三民主义同志联合会陈铭枢、郭春涛、朱蕴山联名致电程潜："欣闻起义，同仁等不胜鼓舞，谨致贺忱。"

8月19日，民革中央领导李济深、谭平山、蔡廷锴、陈其瑗、陈劭先、李世璋等人向程潜暨全体起义将士致电表示祝贺："闻报欣悉兄等长沙起义，脱离反动集团，投我人民队伍，此举益令残匪寒心，独夫褫魄，曷胜佩慰！……兄等当机立断，弃罪取功，义声所播，薄海同钦！尚望益加淬励，麾师南指，配合人民解放军作战，早平残虏，观厥功成。谨电驰贺，伫候明察。"

程潜复电致谢说："诸公率先倡义，久切景从，远承策励，感奋弥深。专电奉复，并希亮察。"

【程潜传略】

各方要员效法

8月13日，在香港的国民党中央委员和立法委员由国民政府监察院副院长黄绍竑领衔，高宗禹起草，贺耀祖、龙云、罗翼群、刘斐、刘建绪、李默庵、潘裕昆、覃异之、唐鸿烈、彭觉之等44人联名发表《告国民党陆海空全体将士书》，号召"效法程颂公、陈明仁两将军的义举，或弃暗投明，率部来归；或举兵起义，实现局部和平"。"参加这个划时代的伟大革命运动。"

8月25日，国民参政会参政员邓召荫等11人发表《我们响应黄绍竑等"八·一三"声明》的书面讲话，表示参加人民解放的"革命运动"。接着，又有国民党立法委员王普涵、席尚谦和国民党国防部新闻局少将教育专员魏希文等13人也表示拥护黄绍竑等人的政治主张。

各省将领起义

从9月至12月，国民党残部控制的各省各地军政要员，纷纷效法程潜、陈明仁举行起义，主要有：绥远省主席董其武、第八十一军军长马惇靖、西北军政长官公署少将副参谋长彭铭鼎、新疆省警备总司令陶峙岳、新疆省政府主席包尔汉、云南绥靖公署主任兼省主席卢汉、甘肃省政府主席王治歧、西康省政府主席刘文辉、第十九兵团副司令官王伯勋、第二十二兵团司令郭汝瑰、挺进军总指挥范绍增、黔桂边区绥署副司令万式炯、川鄂绥署副主任董宋珩、第十六兵团副司令官曾苏元、川陕边区代主任喻孟群、第二路总指挥许绍宗、第十五兵团司令官罗广文、豫陕鄂边区绥靖公署主任张钫、第二十兵团司令官陈克非、川陕甘边绥署副主任兼第七兵团司令官裴昌会、第十八兵团司令官李振等先后率部起义，国民党残余政权土崩瓦解，人民解放军基本歼灭了国民党部队在大陆地区的主力，赢得了解放战争的伟大胜利。

同年10月，陶峙岳专程到长沙面见程潜，称程、陈起义对新疆起义起了极大的鼓舞和推动作用。

十六、备受礼遇，同庆开国

1949年程潜起义前后，正值新中国的筹建工作如火如荼地进行。8月26日，中共湖南省委、长沙军管会、人民解放军十二兵团司令部联合欢迎程潜、陈明仁两位将军，长沙各界代表及社会名流。8月下旬，毛主席电邀程潜出席新的政治协商会议。31日，程潜等应邀赴北平出席中国人民政治协商会议第一届全体会议。

礼遇车站

9月2日，程潜一行乘汽车抵达汉口，受到了当地军民的热情欢迎。在汉期间，程潜书面回答了新闻界的提问，指出湖南和平起义的因素是：湖南人民强烈的厌战情绪；解放军的进军顺利和神速；程回湘主政后反战主和、反蒋反桂的指导思想；中共方面的领导与合作。程潜还回答了此次进京的任务和今后的奋斗目标等问题。

9月4日，毛主席函告周恩来、聂荣臻："程潜九月二日抵汉，四日由汉动身来平，请即令铁道部注意沿途保护照料，不可疏忽。问准到平时刻，请周组织一批人去欢迎，并先备好住处。"（见《程潜大传》，陈利明著，团结出版社2005年版，437页）周恩来当即提出具体安排计划送毛泽东阅后，即交聂荣臻办理。

9月7日晚上10时，程潜一行乘火车抵达北平车站，毛主席、朱德总司令和周恩来、林伯渠、董必武、李济深、郭沫若、聂荣臻、罗瑞卿、黄克诚等百余人亲到车站迎接，这是罕有的礼遇。程潜紧握毛主席的双手，激动得半晌说不出话来。毛主席风趣地说："颂公，别来无恙？一路上劳累了。多年未见，您历尽艰辛，还很健康，洪福不小呵！这次接您这位老上司来，请您参加政协，共商国家大事。"程潜非常感动地说："托福，托福，我已近古稀之年，为党为民定献余力。"
（见《湖南文史资料第35辑　湖南和平解放专辑》，湖南省政协编，
1989年版）

9月8日，毛主席举行晚宴为程潜洗尘。朱德、刘少奇、周恩来、
陈毅、陈叔通等出席作陪。程潜后来又专门拜访毛主席，亲切交谈，
追述往事，共祝未来。12日，朱德总司令设宴欢迎程潜和陈明仁将
军。刘伯承、陈毅、聂荣臻、粟裕、黄克诚、李明灏等将军作陪。

同游天坛

9月19日，正是中国人民政治协商会议开幕前两天，毛主席日理
万机，仍抽空在刘伯承、陈毅、粟裕等陪同下，莅临北京饭店看望
程潜、陈明仁，大家重叙往事，共进午餐。

餐后，毛主席又邀请程潜、傅作义、陈明仁、张元济、李明扬、
程星龄、李明灏等共游天坛。毛主席与众人信步天坛公园，过丹陛
桥，入祈年殿院大门，上汉白玉台阶，走进五百多年历史的圆形祈年
殿。大殿雄伟壮观，镏金宝顶，三层屋檐，用28根木柱顶着。毛主席
听着讲解，饶有兴趣，并与程潜等人仔细地察看陈列物品。在游览

毛泽东（右四）与程潜（右三）等在北京天坛合影

中，毛主席不时和众位起义将领、民主人士风趣交谈，和众人合影留念。到皇穹宇殿，试回音壁，观"九龙柏"。随后，大家来到东墙下茶摊小憩，然后乘车离开天坛公园。

毛主席在同游天坛后，单独召见程潜的族弟程星龄，就程潜的工作安排问题征求他的意见。毛主席告诉程星龄："中央决定成立几个大区，其中有中南军政委员会，属第四野战区，想让颂公屈就副主席。可是颂公是老前辈，他从事革命工作时，我们还是学生。请你和颂公商量一下如何？"程潜听说此事后，十分感动。（程星龄《侧身湖南局部和平》，民革湖南省委会编《湖南和平解放六十周年纪念文集》，96页）

出席大典

1949年9月21日，程潜出席在中南海怀仁堂隆重召开的中国人民政治协商会议。这次大会通过了《共同纲领》，选举产生了国家领导机构和领导成员，开启了中国的新纪元。程潜被推选为中国人民政治协商会议第一届大会主席团成员，并被选为中央人民政府委员。9月23日，毛主席、朱德总司令在北京设宴招待出席会议的程潜、陈明仁、刘斐、程星龄等26名前国民党起义将领，毛主席几次为起义将领祝酒，充满了欢乐祥和的气氛。

10月1日下午2时，中央人民政府委员会第一次会议在中南海勤政殿举行，中央人民政府主席毛泽东，副主席朱德、刘少奇、宋庆龄、李济深、张澜、高岗，以及周恩来、陈毅、程潜等56名委员宣布就职，宣告中华人民共和国中央人民政府成立。会议一致决定接受《中国人民政治协商会议共同纲领》为政府施政方针，选举林伯渠为中央人民政府委员会秘书长；任命周恩来为政务院总理兼外交部长，董必武、陈云、郭沫若、黄炎培为副总理；毛泽东为人民革命军事委员会主席，朱德、刘少奇、周恩来、彭德怀、程潜为副主席；朱德为中国人民解放军总司令，徐向前为总参谋长，聂荣臻为副总参谋长；沈钧儒为最高人民法院院长，罗荣桓为最高检察署检察长。并责成他们从速组成各项政府机关，推行各项政府工作。会议宣布：中华人民共和国中央人民政府为中国人民的唯一合法政府。

10月1日下午3时，具有划时代意义的中华人民共和国开国大典在天安门广场隆重举行。中央人民政府委员会秘书长林伯渠宣布典礼开始，中央人民政府主席、副主席和各位委员就位。毛主席向全世界庄严宣告："中华人民共和国中央人民政府今天成立了！"顿时，广场上掌声雷动，群情激昂。在《义勇军进行曲》的雄壮旋律中，毛主席按动电钮，升起新中国第一面鲜艳的五星红旗，54门礼炮齐鸣28响。随即，毛主席宣读《中华人民共和国中央人民政府公告》，紧接着举行了盛大的阅兵式和群众游行。中华人民共和国的成立，是中国有史以来最伟大的事件，也是二十世纪世界最伟大的事件之一，中国人民从此站起来了！中华民族开启了新的历史纪元！

程潜全程出席开国大典，感慨万千："天安门启一声雷，中国人民站起来。"

10月26日，程潜启程返湘，毛主席在中南海设宴为其饯行。周恩来、董必武、林伯渠、聂荣臻等亲至车站送行。

1952年9月，毛泽东（右）邀请程潜（中）泛舟中南海

特别开销

毛主席对程潜关怀备至。解放初，毛主席考虑到程潜旧部众多，人事关系复杂，除了安置程潜的老部下外，还特别指示有关部门按月拨大米5万斤作为程潜的特别开销。以后币制改革，改为每月5000元，这在那时算得上是一笔巨款，因为当时国家主席每月工资也只有500元！

据程潜的秘书杨慎之回忆：这笔特别费用的一半左右固定支给他需要照顾的部属（如天水行营被炸伤残的数位部属），其余部分除了赴京开会时开支300至500元外，从不随便动用一文。

程潜身负要职、兼任数职，中央多方考虑，在湖南和北京都为程潜精心安排了住处，以方便工作。

主席划船

毛主席对程潜十分尊重。1950年6月10日，毛主席专门发出请柬，邀请程潜到中南海聚谈国家与湖南的建设大事。1952年9月的一天，秋高气爽，景色宜人，来北京的程潜应毛主席邀请到中南海家里吃饭。饭后两人边走边聊，来到了中南海边。毛泽东对程潜说："前人对中南海曾有'翡翠层楼浮树杪，芙蓉小殿出波心'的赞誉，今日置身其间，不知颂公有何感受？"程潜回应说："名不虚传，妙不可言！"两人放眼望处，看到湖边泊着一条小船，毛主席便兴致勃勃地提议划船赏景。两人上船坐稳后，毛主席要亲自操桨，程潜忙说："使不得，你是国家元首，又年近花甲，怎么好你为我划船。"毛主席说道："哪里，哪里！你是国民党元老，又是我的'老上司'、家乡人，还分什么彼此，何况你已古稀之年，总不能叫你为我划船吧？"人民领袖毛主席为"老上司"程潜划桨，泛舟中南海，一时传为美谈。（《程潜大传》，陈利明著，团结出版社2005年版，475页）

1954年4月5日，毛主席专门邀集程潜、程星龄、表兄王季范一起游览北京昌平县明十三陵，探幽鉴往。毛主席和程潜等并在明长陵祾恩殿门前台基上席地休息，谈古论今。

十七、奉献绵薄，造福桑梓

湖南和平解放后，中国共产党发动和依靠群众，轰轰烈烈地在湖南开展社会主义革命。

推进湖南新政

1949年8月20日，新的中共湖南省委成立。8月29日，经中共中央同意，之前由程潜等人组成的湖南人民临时军政委员会，改组扩大为湖南人民军政委员会。1950年4月，新的湖南省人民政府宣告成立。

程潜德高望重，先后担任湖南人民军政委员会主任（1949年8月29日—1950年10月15日）、湖南省各界人民代表会议协商委员会主席（1950年10月—1952年12月、1952年12月—1955年10月）、湖南省人民政府主席（1952年3月—1955年2月）、湖南省人民政府省长（1955年2月—1958年7月、1958年7月—1964年9月、1964年9月—1968年4月）等职，在中国共产党的领导下焕发精神，为建设民主繁荣的新湖南而勠力奋斗，作出了重要贡献。

程潜主持湖南人民军政委员会一年多。在中共湖南省委领导下，先后召开了7次会议，研究部署包括接管建设全省政权、整编起义部队、进行清匪反霸、镇压反革命、维护社会治安、支援人民解放军进军华南和西南等任务，卓有成效。接着，开展恢复和发展生产、抗美援朝、土地改革、镇压反革命等一系列重要工作，迅速稳定了经济社会秩序，巩固和扩大人民革命的胜利。

程潜投身人民解放事业，以"敬恭桑梓，造福人民"的豪迈心怀，恪尽职守，巡牧一方。施行省政，十分注重调研、讲究民主。凡属全省性的重大行政措施，他都亲自听取专题汇报和综合汇报，从而了解全局情况，做到心中有数，便于共同商讨，作出决策。诸如接管工作、筹粮支前、起义部队的整编、游杂武装的收编处理以及全省性的生产救灾措施等，无一不经军政委员会或省政府的会议研究，程潜都亲自参加、民主决策。

在一次讨论征粮条例的会上，某些上层人士向他反映："下边征粮逼死了人"，"政策好，干部不好，南下干部更不好"。程潜据实反驳说："按共产党的政策，'粮多多出，粮少少出，无粮不出'，下边的干部都要这样办。地主粮多，自然要多出点，但按这几年常年全省150亿斤粮食总产量计算，预定征收20多亿斤，只占百分之十六。难道会过头吗？毛主席在北京对我说过，今年前前后后将近几十万军队就食湖南，湖南人民的负担是很重的。但是，为了解放全中国，湖南出点粮，义不容辞，我们理应为了长期的幸福，而忍受暂时的艰苦。"程潜的论说，对与会耆老们是一次生动的启发教育，有助澄清社会舆论，减少贯彻阻力。（见《程潜大传》，陈利明著，团结出版社2005年版，452页）

推进湖南发展

程潜主持湖南省政府工作，针对促进全省农业生产、工业生产、基本建设和各项社会事业，竭尽全力，夙兴夜寐，坚持视察调研，掌握实际，找准问题，分析原因，征求意见，研究办法，解决问题。

1950年下半年至1952年底，湖南省有步骤有计划地开展了土地改革、工矿企业改革、教育科学文化事业改革和"三反""五反"运动，巩固工农联盟，恢复和发展了国民经济，为实施有计划的国民经济建设创造了条件。

1951年11月，程潜兼任湖南省南洞庭湖整修工程委员会主任委员，主持会议，调动20万民工，大兴整治。1953年1月，程潜兼任湖南省爱国卫生运动委员会主任，指导开展全省大规模的爱国卫生运动，提高人民的身心健康素质。1954年10月，程潜主持省人民政府会议，决定成立湖南省南洞庭湖堤垸修复工程委员会，亲自兼任主任。程潜不顾劳累，尽量到各地视察，了解人民疾苦，倾听群众呼声。

1958年8月15日，程潜冒着酷暑，驱车来到工业新城株洲，出席株洲麻纺厂开工典礼，鼓励职工以崭新的姿态、旺盛的斗志、高度的劳动热情从事生产，为社会主义建设增添光彩，为我国纺织工业迅速地跃居到世界先进水平而奋斗。

1959年，正值三年经济困难时期，程潜特意到交通闭塞、经济落后的湖南省湘西土家族苗族自治州调研，深入花垣县的山寨村落，访穷问苦，了解穷困原因，研究措施，关注和推动少数民族地区的发展。

1958年6月，程潜亲自兼任湖南省志编纂委员会主任委员，组织编写湖南省志，资政育人。1959年2月，《湖南省志》第一卷《湖南近百年大事纪述》正式出版发行，这是解放后全国第一部新型省志著作。

荆江分洪工程

程潜作为中南军政委员会副主席、湖南省省长，一直关注"万里长江险在荆江"这个涉及两省的最大水患。1952年3月初，中南军政委员会召开讨论荆江分洪工程计划实施方案的联席会议。程潜会前深入荆江沿岸调查，倾听人民的呼声，掌握大量第一手资料。在联席会议上，程潜畅谈了自己的见解、方案措施，并将自己的见解和发言稿直呈毛主席。毛主席复信说："3月6日惠书收到。联席会议上的发言，使我明白了江湖利病所在，极为有益。"并将程潜的意见转交周恩来总理。周恩来总理极为重视，组织专题讨论。31日，政务院发布《关于荆江分洪工程的决定》。

4月5日，荆江分洪工程全面开工。参战的三十多万军民以冲天豪情壮志、革命加拼命精神，克服重重困难，经过两个多月日夜艰苦奋斗，于6月20日胜利建成荆江分洪工程。荆江分洪工程竣工后，泄洪蓄水量可达50亿到60亿立方米，使江汉平原和洞庭湖区直接受益。这是平原大型水利枢纽综合利用的典范工程，成为我国水利史上的一大奇迹。程潜为此倾注了不可磨灭的智慧和大量的心血，亲赴施工现场视察，并于5月23日亲笔题词："发扬革命英雄主义精神，热烈开

1952年5月24日，程潜（前排左五）与荆江分洪指挥部人员在湖北沙市的合影

展劳动竞赛，胜利完成在政治上和经济上均具有伟大意义的荆江分洪工程。”

最久湖南省省长

毛主席每回视察湖南，都要会见程潜。1959年6月，毛主席又一次回到湖南，会见并专门宴请程潜。这时，程潜已当了4年湖南省省长，又已被补选为全国人大常委会副委员长。程潜向毛主席提出，年岁不饶人，北京、长沙两地又相距甚远，不便兼顾，要求辞去省长一职，让年轻一些的同志担任。

毛主席听后，风趣地回答："颂公以后您可以半年在北京，半年在湖南。天气热的时候在北京住，天气冷的时候在长沙住，岂不是两全其美？"停了片刻，毛主席又说："现在大局安定，领导班子不能随意调换，颂公是中央的人，我们没有把您当'巡抚'看待，您德高望重，还是您担任省长为宜，事情多叫他们去办。"（见《程潜大传》，陈利明著，团结出版社2005年版，476页）

程潜（右三）陪同毛泽东（右二）视察湖南农村

　　程潜听了之后，不再坚持个人意见，前后当了14年省主席、省长，直到1968年去世。程潜跨越新旧两个时代，前后连续近二十年主政一省，这在新中国的历史上都是一个特例。

　　程潜身兼数职，尽管年事渐高，但仍老当益壮，竭诚尽力，经常视察各地、调研情况、检查工作。在溃垸后的南洞庭湖、热火朝天的荆江分洪工地、"大跃进"中的浏阳、中外瞩目的湘潭、偏僻的湘西，到处都留下了足迹。

　　程潜对工作总是勤勤恳恳、兢兢业业，在湖南省各种会议、活动中，无论是讲话或者作报告，他都不要"秀才班子"包办代替，而是根据平常掌握的第一手材料，自己动手拟写提纲，亲力亲为。因此，他的报告、讲话，生动具体，具有感染力。他还经常邀请有关干部作专题汇报，并根据实际作出令人信服的指示。

湖南新成就

　　从1953年开始，湖南省积极贯彻执行党在过渡时期的总路线，实

100

施第一个湖南省发展国民经济五年计划。至1956年基本完成社会主义"三大改造"，湖南省从此走上社会主义建设的康庄大道。"一五"期间，湖南完成了苏联援建中国7个重点项目、38个全国大中型建设项目。1957年，湖南省超额完成"一五"计划，全省政治、经济和社会各方面均发生巨大变化。

从1957年开始，湖南省探索全面建设社会主义新湖南的实践。尽管数遭波折，但经过十多年努力，湖南省经济和社会发展仍取得巨大进步和伟大成就。1960年4月10日，程潜在二届全国人大二次会议上发言表示：为了实现今年更大、更好、更全面的跃进，以机械化、半机械化、自动化、半自动化为中心的技术革新和技术革命运动正席卷湖南全省。

据统计，1949年全省社会总产值21.47亿元，工农业总产值19.02亿元，国民生产总值17.65亿元，国民收入15.64亿元。到1966年，全省社会总产值115.28亿元，比1949年增长436.93%；工农业总产值95.81亿元，比1949年增长403.73%；国民生产总值72.73亿元，比1949年增长312.06%；国民收入64.80亿元，比1949年增长314.32%。这其中，无不凝结着省长程潜的辛勤劳动和汗水。

十八、参赞军机，共商国是

中华人民共和国成立后，程潜迭任国家要职，赞襄中枢，共商国是，为新中国的巩固、建设和发展，竭尽忠悃，鞠躬尽瘁。

参赞军机大事

1949年10月21日，程潜当选为中央人民政府委员会委员，被任命为中央人民政府人民革命军事委员会副主席（唯一非中共的人民革命军事委员会副主席）。1954年9月28日，程潜等15人任第一届全国人大国防委员会副主席。1959年4月28日，程潜等14人任第二届全国人大国防委员会副主席。1965年1月4日，程潜等13人任第三届全国人大国防委员会副主席。

开国之初，百废待举，当务之急是仍有西南部分地区尚未解放。中共中央拟订了人民解放军西南大进军的绝密军事计划。毛主席亲自将这一计划送请程潜征求意见，推心置腹，信任有加。程潜深有感触地说："蒋介石可是从未让我看过机密。"程潜对如何尽快解放华南、西南、西北，提出了一些见解，得到毛主席嘉许。

程潜深荷重任，为我国的国防和军队建设作出贡献。1954年10月1日，首都举行盛大阅兵式和群众游行，庆祝中华人民共和国成立5周年。毛主席偕同党和政府其他领导出席、检阅。

1955年9月23日，第一届全国人民代表大会常务委员会第二十二次会议决定，授予程潜一级解放勋章，编号为第五号。

1960年4月23日，程潜陪同毛主席、朱德委员长等党和国家领导人接见出席全国民兵代表会议的3180多名代表，并合影留念。这次合影照片也是新中国摄影史上第一次人数最多、出席领导最多、帧幅最大的巨幅照片。

参加宪法起草

1953年1月13日，中央人民政府委员会通过决议，决定成立以毛泽东为主席的中华人民共和国宪法起草委员会。民革的李济深、何香凝、程潜参加了这个由32名委员组成的委员会。

1954年3月23日，程潜等出席毛主席亲自主持召开的宪法起草委员会第一次会议，讨论中共中央起草的宪法草案初稿。6月14日，中央人民政府委员会举行第三十次会议，审查通过了这个宪法草案，决定予以公布并在全国人民中组织讨论，以便搜集意见，再作修改，最后提交表决。在这一会上，程潜发言表示，宪法草案总结了我国人民百余年来的历史经验，记录了人民革命胜利的伟大成果，指出了国家向社会主义前进的方向，规定了人民民主国家的国家机构，体现了我国人民最高的和长远的利益，是社会主义类型的宪法，它具有无比的优越性、深刻的实践意义。1954年9月20日，第一届全国人民代表大会第一次会议，以无记名投票方式一致通过《中华人民共和国宪法》，中华人民共和国第一部宪法正式诞生。

共商国是

程潜于1949年9月特邀担任第一届全国政协委员；1954年12月起，先后担任第二届至第四届全国政协常委；1954年9月27日，当选为第一届全国人大常务委员会委员，后又当选为全国人大常务委员会副委员长。程潜积极参加、组织和主持全国人大、全国政协各种会议和活动，真诚建言献策，贡献卓著。

1950年6月24日，程潜在全国政协一届二次会议上发言，就调整工商业与土改的问题提出意见建议，并向大会提议通过土改法案提请中央人民政府颁布实施。

1955年7月23日，程潜在一届全国人大二次会议上直言不讳地说："要反对急躁冒进、要发扬实事求是的工作作风。不反对右倾保守思想，我们的各项工作就将如蜗牛行步，不能前进，就要犯大错误。急躁冒进则是超越客观可能的倾向，是不顾客观条件、不从实际出发的主观主义倾向，其结果自然也会招致损失。"

1956年6月29日，程潜在第一届全国人民代表大会第三次会议上作专题发言——《前进的、建设的、稳妥可靠的预算》。

1957年3月15日，程潜在全国政协二届三次全体会议上谈访问苏、捷、罗、保四国的印象——《社会主义阵营的力量是不可战胜》。

访问苏联时，程潜（右）与苏联外交部长莫洛托夫（左）亲切交谈

1960年3月29日，程潜出席第二届全国人大第二次会议大会主席团第一次会议，程潜等14人被推定为主席团常务主席。4月9日，程潜在大会上，就讨论、审议李富春副总理《关于1960年国民经济计划草案的报告》等报告发言，正确分析评价形势。

促进友好往来

1949年11月6日，苏联著名作家西蒙诺夫等一行到达长沙。程潜等率三千人到长沙火车站欢迎，下午设宴欢迎并举行晚会。

1955年7月30日，程潜当选为中华人民共和国全国人民代表大会代表参加各国议会联盟代表团执行委员会副主席。8月6日，第一届全国人大常委会组成了我国出席各国议会联盟第四十四届大会代表团，彭真为团长，程潜、廖承志为副团长，为参加会议做了了充分准备。但由于美国等国的阻挠，"议联"拖延讨论我国参加"议联"的问题，直到1984年我国才正式参加"议联"。

1956年11月15日至1957年2月1日，彭真为团长，李济深、程潜、章伯钧、胡子昂为副团长，率领中国人大代表团应邀访问了苏联、捷克斯洛伐克、罗马尼亚、保加利亚、阿尔巴尼亚和南斯拉夫等6国，增进中国和友好国家的友谊和往来。在访问中，程潜和代表团成员一起，同这些国家的议会、政府、党和群众团体的领导和各方面人士进行了亲切友好交谈，访问了许多城市、工厂、农庄、学校、科学文化机关，备受鼓舞。

1957年3月31日，第一届全国人大常委会举行第五十四次扩大会议，听取了彭真关于访问苏联等6国情况的报告，程潜等作了补充报告，畅述访问观感。

1963年9月14日，刘少奇、叶剑英、林枫应邀访问朝鲜，程潜和朱德、宋庆龄、董必武、杨尚昆等到北京火车站为他们送行。

1966年7月9日，程潜同刘少奇、宋庆龄、董必武、周恩来、朱德、邓小平等许多党和国家领导人一起，接见出席亚非作家紧急会议的53个国家和地区的代表、5个国际组织的观察员，向他们表示热烈欢迎，并且同他们合影。

维护国家统一

1950年7月1日，程潜发表谈话，驳斥杜鲁门命令美国第七舰队阻止对台湾的任何攻击的声明："这实际上就是宣布要武装侵略属于中国的台湾。中国人民对美帝国主义的侵略是会反抗到底的。"

1956年2月4日，程潜在全国政协二届二次会上发言指出："争取和平解放台湾，实现祖国的完全统一，是中国共产党一贯主张。""对于中国共产党的这个主张，我自己有着亲切的、深刻的感受和体验，在这个庄严的讲台上，我愿意向跑到台湾的国民党军政人员进一忠言，希望他们认清大势，激发起爱国天良，站到中国人的立场上来，争取在和平解放台湾的行动中立功，使台湾同胞回到祖国的怀抱。"

1959年4月24日，程潜在第二届全国人大第一次会议大会上慷慨发言："坚决支持中央平定西藏叛乱！严肃奉劝帝国主义：不良的居心永远不能得逞，休想在西藏问题上浑水摸鱼。中国各民族从历史上形成的我们国家的神圣统一，绝不容许破坏；中华人民共和国的内部事务，包括各民族之间的关系，可以由自己商量解决和调整，绝不容许任何外人干涉和染指；反动的、落后的、残酷的、暴虐的农奴社会政治制度，绝不容许长期保留。"其发言不时被热烈的掌声所打断。

1962年9月15日，程潜代表中国各民主党派，在首都各界庆祝击落美制U-2飞机大会上表示：坚决拥护中国政府严正声明，强烈谴责美制U-2型飞机窜扰华东地区侵略罪行。

1963年11月11日，程潜代表中国各民主党派和工商联，在首都各界庆祝大会上发表"中国人民一定要解放台湾"的讲话，热烈祝贺我沿海军民再次击落美制U-2飞机的胜利。

1964年10月10日，程潜和彭真、黄炎培、陈叔通、林枫等在北京接见3个少数民族参观团的负责人。

履职尽责

程潜无论是当选全国人大常委会副委员长，还是大会主席团主席，无论是政协委员，还是人大代表，主持会议，参加活动，都切实履职尽责，不负使命。

1958年2月1日至2月11日，程潜出席在北京举行的第一届全国人大第五次会议。11日，大会补选程潜为第一届全国人大常委会副委员长。

1959年4月17日，程潜出席第二届全国人大第一次会议。在大会主席团举行第一次会议上，程潜等12人被推定为主席团常务主席。27日，第二届全国人大第一次会议，选举程潜等16人为第二届全国人大常委会副委员长。

1962年3月22日，程潜出席第二届全国人大第三次会议大会主席团第一次会议，程潜等14人被推定为主席团常务主席。会议结束后的3月底，春寒料峭，年已80高龄的程潜听从全国人大和全国政协的安排，自告奋勇地以双重身份（全国人大常委会副委员长、全国政协常委）到全国各地视察工作，广泛接触各阶层群众，进行实地调查研究，提出改进工作的建议。

1963年11月16日，程潜出席第二届全国人大第四次会议大会主席团第一次会议，并被推定为主席团常务主席。

1964年12月20日，程潜出席第三届全国人大第一次会议大会主席团第一次会议，并被推定为主席团常务主席。

1965年1月3日，第三届全国人大第一次会议选举程潜等18人为第三届全国人大常委会副委员长。

十九、民革前辈，友党诤言

程潜于1949年加入民革，1949年10月6日，程潜应邀出席由民革、民联、民促的代表召开的统一协商座谈会。1950年11月，程潜当选为民革中央第二届常委。1956年3月5日，当选为民革第三届中央副主席。1958年12月4日，当选为民革中央第四届副主席。近二十年里，程潜凭着不凡的经历和经验，鼎力协助李济深、何香凝等做好民革中央领导工作，积极组织开展各项活动，为民革的建设和发展，发挥了重要作用，为坚持和完善中国共产党领导的多党合作事业，作出了积极贡献。

积极参政议政

程潜担任民革中央领导人，与中国共产党肝胆相照、荣辱与共。多次出席毛主席邀集的各民主党派负责人会议、最高国务会议、政务院会议，各种座谈会、协商会等，积极发言，与中共一起讨论、协商，参与国家大政、方针、政策的制定和实施，恳陈真知灼见，在国家政治生活中发挥作用。

新中国成立初，程潜针对中国共产党党内外滋生的个别腐败现象和不良风气，先后3次向毛主席进谏，建议从严整治。

1953年9月7日，毛主席邀请各民主党派负责人和部分工商界人士座谈。民革领导人李济深、程潜、张治中等出席。毛主席作了题为"改造资本主义工商业的必由之路"的讲话，系统阐述了国家对资本主义工商业改造的政策、措施和步骤，号召各民主党派工商界认真学习和贯彻党的过渡时期总路线，充分发挥各自的积极作用。

1954年3月下旬，全国政协邀请各民主党派、各人民团体负责人和各界人士五百多人对《宪法草案》（初稿）进行讨论。民革提出许多修改意见。6月开始，民革中央在全党热烈地展开了讨论和宣传宪法草案的活动，提出修改意见、补充意见和问题共3200条，嗣经宪法起草委员会讨论汲取。程潜参与其中，为新中国第一宪法的制定作出了贡献。

1957年6月12日，民革中央举行第七次扩大座谈会，程潜就如何帮助中共整风的问题，发表了很好的意见。

1959年8月24日，程潜出席第十七次最高国务会议（扩大），就国民经济和进一步开展增产节约运动等问题发言。

加强组织建设

程潜多次在民革中央召开的代表大会、中央全会、常委会、主席会议上作工作报告、致辞、讲话，回顾工作、总结经验、指出问题、明确任务、提出要求，着重强调要特别加强民革的思想组织作风建设。

1949年11月12日至16日，中国国民党民主派代表会议在北京举行，程潜当选为民革中央常委。

1956年2月21日至29日，程潜出席在北京召开的民革第三届全国代表大会。2月21日，程潜作"关于《中国国民党革命委员会章程》的说明"讲话。3月5日，程潜在民革中央三届一中全会上当选为副主席。

1957年3月25日至30日，民革中央三届二中全会在北京举行，程潜主持开幕式。

1958年2月9日，程潜在《人民日报》发表《打掉邪气，把心交出来》一文，就新形势下民主党派成员的改造等问题提出自己的看法。

1958年11月12日至12月2日，程潜出席在北京举行的民革第四次全国代表大会。11月24日，程潜作"关于修改《中国国民党革命委员会章程》的说明"讲话。12月4日，程潜在民革中央四届一中全会上当选为副主席。

1962年12月27日至1963年1月19日，程潜出席民革中央四届三中全会，并代表民革第四届中央常务委员会作工作报告。

1963年12月5日，程潜在民革第四届中央常务委员会第三十八次会议（扩大）上作重要讲话，要求民革组织贯彻全国两会精神，做好民革组织的工作。

1965年1月11日，程潜在民革第四届中央常务委员会第四十六次会议（扩大）上讲话，着重谈了对于社会主义教育运动的认识和态度问题、开展社会主义教育运动的基本做法、必须坚决依靠党的领导最根本的问题。

程潜作为民革中央副主席，总是严格要求自己，不放松自己的思想改造，还常常勉励大家跟上时代，不断进步，"天行健，君子以自强不息"。他多次跟民革同志谈到，作为民主党派的一名成员，要努力做好本职工作，积极投身社会主义革命和建设，要认真学习马列主义、毛泽东思想，提高自我改造的自觉性，鼓励大家淬励奋发，不断上进。

程潜曾于1958年为友人遂甫题诗《遂甫兄七十大寿》：

达观驹过隙，安用计耄期。闻道休悲晚，知非莫恨迟。

刳心祛习气，洗髓毓新脂。始觉天君泰，相看品类熙。

诗虽为友人祝寿，实剖明自己心迹，达观人生。这是整个20世纪50年代唯一入选《养复园诗集续编》的一首诗。

弘扬优良传统

1961年6月起，为纪念辛亥革命50周年，何香凝、程潜、熊克武、邓宝珊等领导同志及各地民革成员开始撰写有关辛亥革命的史料。之后，民革全党推动更多的成员撰写有关的回忆录。这项工作不仅为许多民革成员提供了为社会主义事业效力的机会，有利于回忆者进行自我教育和自我改造，而且为研究中国近现代史保存了丰富、生动的历史资料。

1961年10月5日，程潜在《人民日报》发表《辛亥革命的历史经验》一文。9日，程潜出席在人民大会堂隆重举行的辛亥革命50周年纪念大会，并担任大会执行主席之一。

程潜十分关心台湾回归、实现祖国统一的大业。多次著文、写信、发表谈话，寄语台湾及海外的故旧，向老朋友、老部下诉述追随中山先生革命的初衷，回顾参加第一、二次国共合作的往事，希望他们本着"爱国一家、爱国不分先后"的精神，共同为祖国统一大业做出努力。

1961年11月12日，民革中央集会，纪念孙中山诞生95周年。程潜在会上讲话强调："孙中山先生的革命精神永垂不朽，他的伟大理想今天在中国共产党和毛主席的英明领导之下，已经在逐步实现了。希望在台湾的国民党军政人员缅怀中山先生反帝爱国的伟大遗教，追念当年投身革命的初衷，为把美帝国主义赶出台湾、实现祖国的完全统一而奋斗。"

1962年3月29日，程潜主持民革中央集会，纪念黄花岗烈士殉难51周年。11月11日，民革中央举行集会，纪念孙中山诞辰96周年，程潜在会上作长篇讲话，回溯孙中山的一生，表示要永远跟随中国共产党奋勇前进。

1963年11月11日，民革中央举行纪念孙中山诞辰97周年大会。民革中央副主席程潜、蔡廷锴、熊克武等出席。程潜在纪念会上讲话，号召发扬孙中山先生爱国反帝的革命精神，为把我国建成为一个拥有现代农业、现代工业、现代国防和现代科学技术的社会主义强国而贡献力量。

1966年11月15日，程潜在《人民日报》发表《纪念伟大的民主主义革命家孙中山先生》一文，号召学习中山先生大无畏的革命精神和不断求进步的精神。

坚持党的领导

程潜衷心拥护、坚决贯彻执行中国共产党的路线、方针、政策，对毛主席十分尊敬。

1958年，程潜在湖南省各界民主人士座谈会上谈到湖南和平解放的根本原因时，曾经说："我始终认为，湖南和平离不开下面所说的三个基本因素，这就是：人民渴望和平的坚强意志；中国人民解放军压倒优势的军事力量的推动；党的统一战线政策的深刻号召。""湖南的和平起义，正是由黑暗投向光明。由腐朽走向新生，这是历史的必然，人心之所向。如果说湖南和平起义对于解放大西南起了某些积极作用，那么，功劳和荣誉应该归于党，归于人民，归于毛主席。"

1957年6月8日，程潜到北京参加整风。针对当时所谓"轮流坐庄"的议论，程潜在民革中央会议上发表讲话，旗帜鲜明地说："要不要共产党领导？这本来不是一个问题。谁在今天还提出这样的问题，或者向共产党的领导权进攻，只表明他在政治上的幼稚无知和狂妄……且不说共产党的强大，且不说宪法规定了共产党对我们国家事务的领导权，退一万步，请问：不要共产党领导，谁来领导？……共产党是领导的核心力量。我们各民主党派都有一定的代表性，代表一定的群众的合理利益和正当要求……我们民革代表旧军政人员，其他的民主党派各代表一定阶层阶级，这是中国政治历史形势和阶级力他对比关系决定了的。我们就代表这么多，也只能代表这么多。我们在这里开会，觉得自己的群众蛮多，但出了会场，下工厂，去农村，就知道自己代表的范围究属有限。一个代表有限范围群众的政党，要把全部国家事务领导起来，这是不可想象的事情。打麻将可以四人轮流坐庄，政治领导断然不能如此。我这样说，只是把一个客观存在的事实讲清楚：共产党代表了全体人民的最高利益，各民主党派只代表一部分人的利益，这是一个客观存在，不是什么主观意志决定得了的。叫嚷要取消和削弱共产党的领导，喊共产党人'下轿'……所有这些，都只是主观的幻想，在客观实际面前要碰得鼻青脸肿的。"这番旗帜鲜明的发言，后来在1957年6月13日被《人民日报》第1版以《民主党派向何处去？》为标题全文登载，在当时产生了重要影响。

1958年3月16日，中国各民主党派和无党派人士一万多人，在天安门广场举行集会游行，主题是"接受共产党的领导、走社会主义道路"。程潜与大家一起参加集会游行。

1960年8月15日至9月19日，程潜出席在北京召开的民革中央四届二中全会。毛主席和党中央领导在百忙之中接见了与会人员。何香凝当选为民革中央主席。程潜先后致开幕词和闭幕词，号召大家永远听毛主席的话，永远跟着共产党走！

1961年7月1日，程潜在庆祝中国共产党成立40周年的文章中说："只有经过共产党领导的新民主主义革命，建立人民民主专政的政权，并由此过渡到社会主义社会，中国才能摆脱贫困和落后，找到真正的出路。经过迂回曲折的道路，我终于认识了中国共产党，投身到党所领导的人民民主统一战线的行列中来，并在这个伟大事业中，贡献自己的一份力量，庶几无负当年爱国的一番热情和抱负，我以此感到幸福和自豪。"

1962年1月19日，程潜主持各民主党派中央、无党派民主人士和全国工商联负责人集会，谴责美国政府迫害美国共产党的暴行。

吊唁政要

程潜先后参加了许多政要的公祭吊唁活动。

1958年2月13日，参加首都各界人士公祭国家技术委员会主任、第一机械工业部部长黄敬的仪式。

1959年10月9日，全国人大常委会副委员长、全国政协副主席、民革中央主席李济深逝世。程潜担任李济深治丧委员会委员，参加李济深遗体告别仪式。11日，毛主席、刘少奇、周恩来、朱德、林彪等到灵堂吊唁，程潜等陪同致哀。12日，首都各界人民公祭李济深大会由朱德主祭，程潜等陪祭，林伯渠致悼词，程潜介绍李济深生平事迹。

1960年5月29日，中共中央政治局委员、全国人大常委会副委员长林伯渠逝世。程潜担任林伯渠同志治丧委员会委员。

1960年1月17日，国防委员会副主席、民革中央常委卫立煌逝世。程潜担任卫立煌治丧委员会委员。

1961年3月16日，中国人民解放军副总参谋长、国防部副部长陈赓大将逝世，程潜担任陈赓同志治丧委员会委员。

　　1962年6月27日，全国政协常委、民革中央常委龙云逝世。程潜担任龙云治丧委员会委员。

　　1963年6月11日，全国人大常委会副委员长、全国政协副主席、民盟中央主席沈钧儒逝世。程潜担任沈钧儒治丧委员会委员。

　　1963年12月16日，中共中央政治局委员、全国人大常委会副委员长、国防委员会副主席罗荣桓元帅逝世。程潜担任罗荣桓同志治丧委员会委员，参加向罗荣桓同志遗体告别仪式。

　　1964年2月22日，全国政协常委、国防委员会委员、前东北抗日联军第二路军总指挥周保中逝世。程潜担任周保中治丧委员会委员。

　　1964年3月28日，民革中央团结委员周震鳞逝世。程潜担任周震鳞治丧委员会委员。

　　1964年3月30日，国防委员会委员、四川省副省长、民革中央委员邓锡侯在成都逝世。程潜担任邓锡侯治丧委员会委员。

　　1966年2月27日，全国人大常委会副委员长、全国政协副主席、全国工商联主任委员陈叔通逝世。程潜担任陈叔通治丧委员会委员。

二十、感子故意，重点保护

新中国成立后，毛主席常邀一些爱国民主人士到家里做客、叙旧。1954年8月，程潜全家搬到北京居住后，和毛主席会面的机会更多。毛主席经常邀请他到中南海做客吟诗，谈古论今。

造反皇帝

1962年新春佳节，毛主席邀请程潜、章士钊、仇鳌和王孝范4位社会名流乡友作陪，私人在颐年堂内宴请前清逊位皇帝溥仪。桌面上只有几碟湘味儿的辣椒、苦瓜、豆豉等小菜和大米饭加馒头。毛主席边吃边说："我们湖南人最喜欢吃辣椒，没有辣椒不吃饭。"说着，夹起一筷子青辣椒炒苦瓜，置于溥仪的小碟内，见他吃进嘴里，笑着问

毛泽东（右）与程潜（左）

他："味道怎么样啊？还不错吧！"溥仪早已辣出一脸热汗，忙不迭地说："不错，不错。"

毛主席指着程潜和仇鳌对溥仪说：他们的辣味最重，不安分守己地当你的良民，起来造你的反，辛亥革命一闹，就把你这个皇帝老子撵下来了是不是？

贺寿主席

1963年12月26日是毛主席的七十大寿。当天，毛主席在中南海举行家宴，摆了两桌，除了亲属外，只请了4位湖南耆宿即程潜、章士钊、叶恭绰、王季范。程潜携夫人和女儿程熙一同前往。餐桌上的菜全是湖南家乡菜，毛主席还特地让伙房加了程潜爱吃的豆豉辣椒和熏鱼，关怀之情不胜言表。

"十觞亦不醉"

程潜原不会喝酒，席间也频频举杯，敬祝毛主席健康长寿。程潜为给毛主席贺寿，花了半年的时间，克服帕金森综合征的颤抖，倾注了大量的心血，做了12首祝寿诗，亲自誉写并由章士钊亲置封面，装帧成册，赠给毛主席作为生日的祝贺。试胪列于后：

其一：

灵椿长寿不言寿，至德安仁亦利仁。

道大为公天可则，物穷其极理皆真。

鹓雏振翼鸦生妒，海若回潮水共亲。

远届八荒齐拜手，堂堂赤制有传薪。

其二：

平生罕说智仁勇，智勇兼仁作一家。

天地立心观不灭，痌瘝在抱意无涯。

良医肱折自神技，老树高枝皆好花。

龙马负来资本论，凿开混沌见光华。

其三：

竭来手捧西来法，密结宗盟取次传。

直北已看经散地，入南直觉道同肩。

风开粤海蒙求圣，云暗长江龙御天。

一自豫章扬赤帜，亢阳有悔七逾年。

其四：

长短纵横未肯齐，谁凭灵宪定高低。

害群骓马终归北，得意春风尽向西。

月照桂林笼鬼影，道扬遵义踏天梯。

朱旗北斗交相映，万水千山路不迷。

其五：

左蠹飞扬不怕难，征程万里达天山。

横过青藏人餐雪，逖听燕云敌闯关。

攘过胜筹犹掌运，陶甄气类互心安。

洪图卫国加经野，冲破重围贼胆寒。

其六：

八年归马转多悲，奸宄横行世共知。

作计败盟张虎欲，甘心鬻国与狼私。

藉无平地成天法，会有崩山竭海时。

听到来苏呼满野，看他枯朽一朝夷。

其七：

民犹水也民为贵，紧握灵枢定一尊。

谋大不遗防鼠窃，助多焉用怕鲸吞。

鏖兵辽沈空诸巷，困敌京圻断只辕。

陶铸降俘三百万，到头胜利属元元。

其八：

徐淮大捷北投戈，舆颂欢娱贵在和。

罪表独夫应不赦，章刊战蠹应无讹。

月明清浦闻天鼓，风送金陵听国歌。

夜半渡江传令急，洸洸正气壮山河。

其九：

大军南下气恢张，群丑如黁早自扬。

东起淮扬通百粤，西包滇藏到新疆。

远亲近悦兄迎弟，女跃男歌酒有浆。

我本多年邀默契，喜从中夜把明光。

其十：

天安门启一声雷，中国人民站起来。

合德同仇精爽紧，伤穷悯白智谋该。

山呼永雪臣奴耻，海纳长储创建才。

气象万千光八表，裁成新自斗争回。

其十一：

迢迢京阙隐尨炭，大矗高悬映昊穹。

建国辛勤弘物质，齐民寅亮代天工。

道包本末权衡定，政彻初终上下共。

《毛泽东主席七十大寿祝诗》封面

正德厚生并利用，万般经制一般红。

其十二：

万汇人天指画清，要凭主义换和平。

早知豺虎非吾类，未必鸺鹠变好声。

沧海月明看魍魉，神州日食任亏盈。

三多古话应恢廓，大量无虚带至诚。

程潜以组诗形式，热情而又深切地赞颂了中国共产党和毛主席所领导的伟大的中国革命，表达了对毛主席的无限崇敬。

宴请"总统"

1965年7月20日，原国民党代"总统"李宗仁冲破重重阻力，毅然回归北京。毛主席在中南海亲切地接见了李宗仁一行。

"主称会面难""感子故意长"。11月5日中午，程潜和夫人郭翼青设宴欢迎李宗仁和夫人郭德洁，周恩来总理出席宴会并祝酒，彭真、陈毅、张治中、徐冰、高崇民、蔡廷锴、傅作义、许德珩等出席。

程潜在欢迎李宗仁的宴会上发表讲话，深情地说："再过几天，就是孙中山先生诞辰99周年纪念日了，李宗仁先生回到祖国，亲眼看到孙中山先生的革命理想，不仅已经成为事实，并且远远超过了。应该说，宗仁先生所选择的道路，是合乎中山先生的愿望的，是正确的。毫无疑问，宗仁先生这一抉择，正是台湾和海外国民党人效法的好榜样。我认为，我们当年服膺中山先生革命理想的老一辈人，遵守中山遗教，就必须'适乎世界之潮流，合乎人群之需要'，丢掉包袱，从头学起。只有这样，我们的所作所为，才会合乎中国革命历史发展的规律，才不会为时代所摈弃。今大，借欢迎宗仁先生回国的机会，寄语台湾和海外国民党人，以祖国为重，以晚节为重，从速醒悟，毅然归来，到那时，我愿望再度举行宴会，像今天设宴宗仁先生一样来欢迎他们！"

12月2日，程潜出席李宗仁举行的答谢宴会。

二十一、一级勋章，一代诗雄

程潜在晚年曾写有最后组诗咏怀，开篇第一首是：

历世悠长阅世深，婆娑尘宇度光阴。

智不要名勇拂迹，坦怀报国表真忱。

庚星陨落

1968年2月3日傍晚，程潜在家中不慎摔了一跤，不久又摔了一次，造成骨折，送入北京医院，周恩来总理亲自过问手术治疗方案。后程潜病情恶化，并发肺炎引起大出血。1968年4月9日4时30分，程潜在北京医院溘然长逝，享年86岁。

当时正值"文革"期间，事出非常。如何追悼程潜，各方实难自作主张，家属分别向毛主席、周恩来总理写信。程潜逝世当天深夜，周恩来总理回到住处，一接到电话，即明确指示："不仅要开追悼会，还应当向民革中央何香凝主席和张文白先生报告，征求意见，以示郑重。"民革中央随即向病中的何香凝主席、张治中副主席作了报告请示。周恩来总理后来还就程潜遗体是否火化问题，根据家属转达程潜生前遗嘱火化的要求，反复征求家属和各方的意见（程潜在最高国务会议讨论火化时没有在火化倡议书上签字）。

4月10日，全国人大常委会副委员长、民革中央主席何香凝专门给程潜夫人郭翼青写了一封亲笔信，派人送达表示慰问："听闻程潜副委员长不幸病逝，至深哀悼。函望节哀顺变，珍重健康。"

4月12日，民革中央在八宝山革命公墓礼堂举行程潜追悼会，民革中央副主席熊克武、民革中央常委卢汉、卢郁文、刘斐、朱蕴山、翁文灏，还有李宗仁、章士钊等出席。朱蕴山在会上致悼词。程潜被安葬在北京八宝山革命公墓。

4月13日晚上，受毛主席委派，周恩来总理等人来到程家，向郭翼青等亲属表示慰问。周恩来总理转达了毛主席对程潜去世的哀悼，对家属的安置工作做了交代，并满怀深情地说："颂公与共产党合作那么多年，抗日功勋卓著，湖南和平起义，义声昭著，颂公还荣获了一级解放勋章。解放后，他身负要职，鞠躬尽瘁，死而后已。"

4月14日，《人民日报》报道："程潜副委员长在京逝世。"

政声人去后

1982年6月29日，民革中央在全国政协礼堂举行大会，隆重纪念程潜、邵力子诞辰一百周年。中共中央政治局委员、全国人大常委会副委员长乌兰夫，全国政协副主席刘澜涛，中共中央统战部部长杨静仁，民革中央主席王昆仑等出席。中共中央政治局委员、全国人大常委会副委员长彭冲，全国政协副主席董其武，民革中央副主席屈武先后讲话。彭冲在讲话中说："程潜是中国国民党革命委员会的卓越领导人"，"对中国人民革命事业作出过重要贡献的著名爱国人士，是中国共产党的忠诚朋友"，"对于巩固、发展中国共产党同民主党派的团结、合作，起了重要的作用"，"为湖南和平解放，为祖国的社会主义革命和社会主义建设，为巩固和发展我国的统一战线，作出了重要贡献。为实现祖国的统一大业做了积极的努力"。

屈武在讲话中指出："程潜同志一生不断前进，从参加旧民主主义革命到投身新民主主义、社会主义革命，经历了严峻的考验。他走过曲折迂回的道路，终于找到了光荣的归宿，为新中国的革命和建设作出了自己的贡献"，"是爱国的、革命的一生"。

2009年8月3日，社会广泛关注的湖南统一战线60年"十大事件""十大人物"，经过部门推荐、公众投票、专家评定，隆重揭晓。湖南和平解放、程潜分别居"十大事件""十大人物"之首。中共湖南省委书记、省人大常委会主任张春贤，湖南省委副书记、省人民政府省长周强等为有关代表颁发了荣誉证书和纪念杯。

一代诗雄

一手握枪，一手握笔，一代钟吕。程潜文才并茂，在青年时代就投笔从戎，驰骋沙场，虽戎马倥偬，仍手不释卷。军旅之余，常赋诗述怀纪史，还擅长书法，素有"将军诗人""儒将""军中才子"等美誉。程潜诗作先后结集出版有《程潜诗集》《养复园诗集》《养复园诗集新编》等。《养复园诗集新编》（繁体竖排版）曾有1942年渝州刊本、1948年中国诗学会再版的上海本，共收入225首诗。2012年，其女程瑜自发宏愿，在原版基础上，选录程潜诗词遗稿，再行编纂出版《养复园诗集新编》（繁体竖排版），由岳麓书社出版，共收录程潜诗作342首，洋洋大观，巍巍仰止。

毛主席曾称程潜不仅是一位杰出的军事人才，而且能诗善文，工于书法，作诗沿袭汉魏古风，古朴苍劲，气魄恢宏。

文坛名士章士钊赞誉程潜诗为"一代钟吕之音"。

叶剑英为《程潜诗集》题写书名，赵朴初曾作题记：

深郁而永扬，无异阮嗣宗。风华而天秀，实与大谢同。

赵叟非谀者，评语出至公。良由所立大，风操劲且崇。

典雅而敦厚，进退为世隆。英华掞积久，豁尔能贯通。

谁知三军帅，诗亦一代雄！

作者黄自荣亦曾赋《读程潜大传有感》：

官庄长挹醴泉水，巨麓遥观细柳营。

九域千寻求主义，三湘一举铸和平。

半生戎马英雄气，不朽诗词青史名。

风雨同舟留典故，甘棠夹道忆峥嵘。

2005年，长沙程潜公馆被长沙列入第一批23处历史旧宅保护维修改造名录。2011年1月，被定为省级文物保护单位。2015年，湖南和平解放史事陈列在程潜公馆开展。

湖湘大地，潜德作师。大贤已往，民有去思。思其居处，思其文辞。醴泉无井，闾巷有诗。

程 潜
(1882-1968)

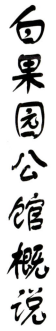

白果园公馆概说

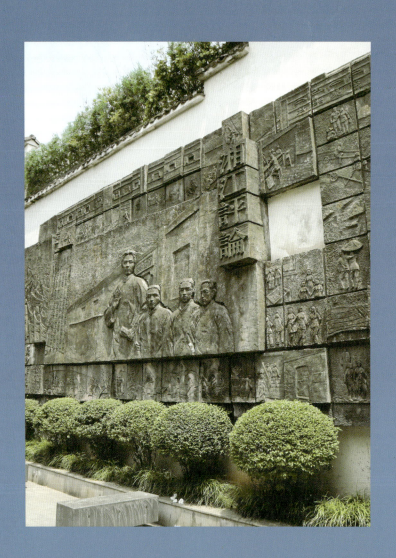

一、基本情况介绍

公馆概况

有一栋楼，它见证了一座城的历史风云，也见证了一座城市的变迁。从热闹的长沙黄兴广场地铁站2号口出来，向芙蓉区定王台街道丰泉古井社区白果园方向走约200米，遇一流水凉亭止步，一幢红砖墙青瓦顶的中西合璧式民国建筑映入眼帘，门牌上显示白果园19号，这便是程潜公馆。它，隐于五一商圈的闹市之中，却见证了湖南和平解放的历史风云，成为一座沉静而庄重的丰碑。

据地质考证，6亿年前，长沙还沉睡在一片汪洋大海中。2亿年前结束海浸历史，显露出山地、丘岗，开始由沧海变桑田的历程。后来又经过几千万年地质运动，逐渐形成山地环绕、水系丰富的"长沙

历史街巷浮雕

盆地"（亦称湘浏盆地）。长沙正处在这块得天独厚的盆地的中心位置，地势平缓、气候湿润。长沙作为全国第一批历史文化名城，其历史底蕴深厚。长沙秦朝设郡，汉设侯国，隋唐设府，宋时设州，清朝设省，留下颇多历史文化遗迹。芙蓉区因湖南省有"芙蓉国"的雅称，且地处湖南省的政治、经济、文化、商贸、信息中心而得名。芙蓉区是浓缩中国城市发展历程的代表性城区，聚集了彰显长沙历史文化底蕴的相当大一部分精华。马王堆汉墓、走马楼吴简等考古发现闻名中外，宝南街、都正街等历史街巷纵横密布，程潜公馆、磻石山房等名人故宅保存完好，定王台、化龙池等古迹名址延续至今。定王台因汉代长沙王——定王刘发带回长安之土筑"望母台"而得名。定王刘发是汉景帝第十子，于公元前155年封长沙王，刘发的母亲唐姬，本来是侍候景帝宠姬程氏的宫女，生下刘发后，因其地位卑微，刘发被打发到当时尚属"卑湿贫国"的长沙来。长沙国因其"卑湿"的物候条件盛产稻米，大米对于地处西北的都城来说是难得的盘中珍品。由于经常要运送大米去长安，对母亲思念很深的刘发让马车从长安带土回来，在长沙城东高敞之地筑起土台，以遥望长安，聊慰思母之情。刘发死后谥定王，故名定王台。如今的定王台街道所辖范围正是以"定王台"为中心的芙蓉区城东大片区域，东至芙蓉中路、西至黄兴南路、南至人民西路、北至中山路，全市大部分公交线路均经过此处，地铁1号线与2号线也在这里交会，交通便利、商业繁华。程潜公馆所在的白果园巷，正处于定王台街道的最东边，隶属丰泉古井社区。

周边人文

白果园，因旧时巷口生长着多棵白果树而得名。相传远古年间，七仙女来到凡间一处名唤星沙（古长沙名）的地方，但见此地久旱无雨水，井早已干涸，满城难觅半点绿色。在一条古巷里，见老少百姓皆跪地而坐，祈望苍天降雨图生。七仙女忍不住慈悲催泪，遂拔下发簪连点数下，所点之处即成一眼眼丰泉，水清见底可照人影，数棵白

白果园巷口街景

果树拔地而起，枝繁叶茂，清凉可熄烈日之火。百姓见此欣喜若狂，奔走相告，为缅怀这位美丽善良的七仙女，遂将此巷命名为白果园。

程潜公馆即位于白果园巷口，程潜公馆大门往南10米处是始建于清雍正年间的公沟遗迹，古称之为公沟，今称之为下水道，总长35768米，流入湘江，历经300年，目前还在作为下水道使用。再往南百余步就是化龙池了，此巷目前有近20家小酒吧聚集于此，可谓是长沙城内的"小秦淮"。巷内还坐落有善化县（明清时长沙别称）学宫、大书法家何绍基的磻石山房、抗日名将刘建绪的公馆、化龙井等文物古迹。

程潜公馆大门往东10米处的31号公馆，即是民国武术家、曾担任过孙中山先生保镖的杜心武的公馆。与之对门的8号公馆，则是清末翰林、大书法家郑家溉的公馆。郑家溉年逾古稀，因拒绝担任日伪政府维持会长而投塘，后被日军乱枪射杀。他舍生取义的英勇壮举、民族气节受到世人崇敬，其公祭仪式即由程潜在重庆主持。旁边的白果园33号公馆外表虽然普通，外墙斑驳，门板糙旧，但这里却是民国实业

127

家章克恭于1916年创办的湘鄂印刷公司印刷车间所在地，也就是《湘江评论》印刷处旧址。早在1919年，青年学子毛泽东在"五四"新文化运动思潮的影响下，在长沙推出了影响力极大的革命刊物《湘江评论》，印刷车间就选在今白果园33号，创刊号面世当天即销售告罄，第二期加印5000份仍一报难求，刊物印刷到第五期的时候，被当局反动军警查封。走过《湘江评论》印刷处旧址就是老泉别径和苏家巷了。宋代大文豪苏洵，别号老泉，晚年曾担任长沙主簿，曾居住于此巷，因此而得名。从苏家巷再往东二十余米就来到耕耘圃，这里就是陈明仁第一兵团司令部所在地，可惜曾经戒备森严的司令部现在只剩下一堵院墙和改建的几幢民居了。

程潜公馆北面，紧挨的院落原是一处空坪，中间有一口距今约300年的老井，程潜公馆内的保姆、伙夫经常在井旁洗菜、洗衣。旁边白果园22号幸福里餐馆所在地原是长沙老字号介昌绸缎庄老板的私宅。再往北就是省粮食局原办公楼、36号将军公馆、登隆街、长沙剧院了，长沙剧院在民国时期曾是红极一时的黄金大戏院，梅兰芳、程砚秋、马连良等京剧大家都曾率团来演出，轰动全城、一票难求。再往北，穿过解放西路，就瞬间从老长沙穿越到现代化的国际大都会国金中心，这栋大楼高达452米，是湖南的地标建筑，集购物、餐饮、住宿、娱乐、休闲于一体。

程潜公馆的西面，穿过几栋民居，就来到长沙最繁华的商业大街——黄兴路步行街，各色商铺鳞次栉比，一年四季车水马龙、人流如织。长沙特色小吃百年老字号火宫殿就坐落于街旁，再往西，解放西路、太平老街、贾谊故居、李富春故居等时尚街区、老街旧宅参差错落、交相辉映。

历史沿革

程潜公馆始建于民国初期，曾用做民居、钱庄、商铺。1948年6月，程潜出任长沙绥靖公署主任兼湖南省政府主席，委托其侄儿程煜购得此栋公馆用作居所。1948年底，因在蓉园内另一处公馆建成，遂搬至蓉园居住，白果园这处公馆平常由其侄儿程煜一家居住。湖南和平解放前后，程潜多次来白果园处公馆居住、办公，秘密会见中共地下党员及湖南和平起义相关重要人士。其位于蓉园陈家垅的住所在程潜过世后已交由省委机关作办公用房，老家醴陵的故居因新中国成立后兴修水库早已不复存在，曾在广州、上海、南京、重庆、北京的住所也早已捐赠给国家或辟作他用，可以说白果园这处程潜公馆是目前全国范围内唯一一处可用做研究、展示湖南和平起义历史和程潜生平业绩的历史遗存。

新中国成立后，程潜公馆交由省政府机关事务管理局负责管理，作为湖南省粮食局职工宿舍使用。因年久失修，1991年，经长沙市房屋安全鉴定委员会鉴定为危房。2005年程潜公馆被列入长沙市第一批23处历史旧宅保护维修改造名录。2009年程潜公馆产权由湖南省机关事务管理局置换到长沙房产集团，同年3月，中共长沙市委宣传部牵头召开关于程潜公馆动迁和修缮工作相关事宜协调会，确定以芙蓉区为主，长房集团配合，开展排危、安保、安置等工作。随后，芙蓉区成立程潜公馆排危处险指挥部，召集区文体新局、区民政局、区建设局、区房产局、区法院、解放路街道等单位，明确了户籍调查、安置房源选择、司法程序、产权变更、修整施工等系列工作。10月，长房集团安排施工单位进入现场，实施围挡排危，同时邀请土建专家现场召开历史旧宅修复方案设计论证会。

2010年1月，芙蓉区与长房集团共同邀请湖南大学建筑学院教授、古建筑保护专家柳肃主持程潜公馆修缮施工设计工作，对程潜公馆建筑的构件进行拍照、绘图，对拆除下来的砖瓦、门窗、房梁等建筑构件进行编号，并妥善保管。6月，程潜公馆被公布为长沙市一般不可移动文物，在全国第三次文物普查工作中，为区别于蓉园内程潜的官邸，将白果园这处公馆命名为白果园程潜公馆。2011年1月24日，《湖南省人民政府关于公布第九批省级文物保护单位名单的通知》公布程潜公馆为省级文物保护单位，由长沙市长房集团负责日常保护管理。4月，程潜公馆修缮工程按照"修旧如旧"与"四保存"（原地、原面积、原层、原貌）原则正式启动。8月，修缮工程竣工验收，成为全省文物修缮保护工程中的一个成功范例。11月，芙蓉区起草《关于将程潜公馆建设成"湖南和平解放史事陈列馆"的请示》，将陈列馆建设的意义、设想以及存在的相关问题向省、市相关部门进行了专题汇报。

2012年1月4日，长沙市委市政府召集市编委办、市人社局、市住建委、市规划局、市文广新局、市文物局、长房集团等单位，在现场召开"程潜公馆保护利用"专题会议，原则同意将程潜公馆建设成"湖南和平解放史事陈列馆"，并交由芙蓉区进行统一规划、设计。6月，在第七个中国文化遗产日系列活动中，程潜公馆被湖南省归国华侨联合会、湖南省文物局联合授予"湖南省第一批涉侨文化遗产"称号。2014年11月，市委市政府再次专题调度，进一步明确程潜公馆功能定位，明确管理主体，明确建设时间节点，加大业务指导、宣传推介以及建设经费支持力度。

2015年1月，长沙市芙蓉区机构编制委员会核准成立湖南和平解放史事陈列馆，程潜公馆由湖南和平解放史事陈列馆负责日常保护管理。同时，程潜女儿程瑜号召程潜家人亲属积极捐赠珍贵文物两百余件套，有力促进了程潜公馆的开放展示工作。3月，芙蓉区委区政府聘请省内专业团队开始陈列布展设计、施工工作，并成立多个工作小组开展史料调查研究、文物征集转运、人员招录培训、布展施工监理等工作。9月，程潜公馆陈列布展工作完成，同时建成为湖南和平解放史事陈列馆，由于区划调整，其门牌号亦由原白果园23号变更为白果园19号。10月12日，程潜公馆正式面向公众免费开放。2016年11月，民革中央将程潜公馆命名为民革党史教育基地。2017年1月，长沙市机构编制委员会核定湖南和平解放史事陈列馆为副科级事业单位。2019年10月，《国务院关于核定并公布第八批全国重点文物保护单位的通知》公布程潜公馆为第八批全国重点文物保护单位。

史事典故

程潜于1948年7月回湘主政，任长沙绥靖公署主任兼湖南省政府主席，曾与家人居住于白果园这处公馆。1949年8月4日，程潜毅然响应中国共产党的号召，与陈明仁在长沙通电全国宣布起义，次日，中国人民解放军自长沙小吴门入城，湖南和平解放。程潜主要在1948年至1949年湖南和平解放前后在公馆居住、活动，其间多次与中共地下党组织、各界倡导和平人士就湖南和平起义事项进行沟通、商讨。

1949年初，程潜在此接见准备秘密北上解放区的湖南大学校长李达，表达走和平之路的意向，并在公馆多次会见中共湖南省工委书记周里的代表余志宏，共商湖南和平起义事宜。1949年5月，白崇禧要将湖南投入战火，对程潜施加种种压力，也更加激发了程潜起义的决心，程潜在公馆起草致中共中央毛泽东主席和朱德总司令的文件——湖南愿意接受中共和谈12条的《备忘录》。大意是：主和反蒋，接受中国共产党和谈八项基本条件，争取湖南局部和平，并签字盖章请余志宏转交时任湖南省工委书记周里。《备忘录》关系程潜安危，更关系湖南战与和的大局。省工委随即研究确定由黄人凌和交通员张友初装扮成商人和脚夫，将备忘录藏在特制的夹层箕篓里，一起护送去武汉。黄人凌是长沙市小学教师党总支书记，张友初是1938年入党的工人。护送的路上注定是紧张危险的：从长沙开往岳阳的火车上，宪兵进入车厢挨个检查旅客证件和行李物品。黄人凌身穿长衫，拿出一份"国民身份证"，宪兵一看，上面写的姓名是"王必文"，职业是"商人"。张友初身穿白短褂、草鞋，装扮成王必文的伙计张老六。宪兵要求打开箕篓检查，张友初沉着地打开箕篓，两满篓都是黄花菜。正当宪兵用手往箕篓里下探时，前面车厢发现紧急情况，宪兵收回手往另一节车厢赶了过去，两人不由得长长地吁了口气。火车慢慢腾腾，下午4点钟才到达岳阳。与岳阳地下党组织接上头以后黄人凌说明来意，有重要任务过长江，去武汉，请岳阳的同志帮忙。当时岳阳城陵矶是国民党军队设在江防前线的一道封锁线，岸上有机枪大炮，水上有巡逻舰艇，日夜严密监视江面，禁止船只往来。发现渡江船只，就用机枪扫射或用巡逻舰追捕。虽然很危险，但也有不少商人采取偷渡的办法，冒险去湖北新堤等解放区做生意。岳阳地下党组织安排了一个十分可靠的船工，负责送他们过江。半夜，他们上了一条小船。船工三十来岁，叫他们提着篾篓坐进小舱，叮嘱他们不要出舱，不要说话，遇事莫慌，就开船了。小船在长满芦苇的湖汊中游动，除了细微的桨声，四周静悄悄。小船经过城陵矶，划过湖港，正待趋向江面。"砰砰砰！"突然不远处的岸边传来几声枪响，子弹嗖嗖嗖地射到船舷边的江面上，几只手电筒光束同时从江面扫过。船工轻声交代，不要惊慌，敌人巡逻，有时是试探性地开枪。果然，小船略停片刻，周围又寂静下来，随即划入江中通过了敌人的封锁线。随后备忘录经华中局上报党中央和毛主席。起义备忘录是中共统一战线工作的重要成果，为湖南和平解放明确了具体的操作办法，坚定了程潜和平起义的决心，加快了湖南和平起义的进程。湖南和平起义是中国近现代史上的重大事件，使湖南大部分地区免遭战祸，对促进华南、西南、西北的解放产生了重要影响，加速了人民解放战争的进程。毛泽东、朱德曾致电程潜、陈明仁称"义声昭著，薄海同钦"；刘伯承、邓小平亦致电程潜、陈明仁，称"义声远播，举国欢迎"，给予高度评价。程潜公馆正是这一重大历史事件的重要见证。

现在，馆内还收藏有《湖南和平起义通电电文手稿草稿》《程潜为湖南和平起义事宜致307师全体官兵书信手稿》，程潜穿过的中山装、皮鞋和他使用过的汉代石砚等四百余件重要文物，成为研究程潜个人生平业绩、研究湖南和平起义历史的重要一手资料。

发展规划

程潜公馆（湖南和平解放史事陈列馆）自2015年10月面向公众免费开放以来，已接待二十余万人次参观，先后被命名为民革党史教育基地、湖南省社会主义学院教学基地、芙蓉区主题党建文化基地、芙蓉区爱国主义教育基地等。

如何更好地加强程潜公馆的保护利用，提升湖南和平解放史事陈列馆开放服务效能，无疑是下一步发展的着力点。

首先，结合周边历史街巷建设，启动保护规划编制。目前，程潜公馆的周边已经有了一个很好的环境基础，周边的街巷、民居已经由长沙市统一纳入到白果园化龙池历史步道建设规划中，城市有机更新的建设也早已完成。接下来要做好全国重点文物保护单位规划编制工作：一是围绕馆舍扩充、陈列调整做规划，公馆的建筑面积仅340平方米，90%均用做展陈，但仍不能充分展示湖南和平起义历史及程潜生平业绩，且办公室、文物库房、宣教室等重要功能室还不具备，不便于观众参观游览及爱国主义教育活动的组织开展。二是围绕周边交通优化、停车位设置、垃圾站调整等环境整治方面做规划。化解五一商圈人流、车流集中，停车不便，垃圾收集转运导致的地面污秽、气味难闻等诸多矛盾。三是围绕安防、消防、防雷等安全防护方面做规划，将5G应用、智慧社区、天网工程等进行统筹建设，将社区消防、文物消防进行全盘考虑，对重点防雷措施进行深入优化。

其次，建立革命文物场馆联盟，打造精品旅游线路。在建设全市博物馆联盟的基础上，建立革命文物场馆联盟，善于利用文旅大融合契机，打造精品旅游线路，让文物真正"活"起来。程潜公馆与《湘江评论》印刷处旧址、李富春故居、八路军驻湘通讯处旧址、湖南第一师范等红色旅游景点紧密相连。周边的白果园，苏家巷、登隆街、化龙池巷等长沙重点打造的历史步道，湖南省粮食局大楼、长沙剧院、长沙公沟遗迹、善化县学宫旧址、何绍基故居磻石山房等文物点和历史遗迹毗邻左右，可着力打造成为长沙红色旅游、文化旅游的密集群落和闪亮名片。

最后，深入发掘文物价值内涵，提升宣传教育实效。要加强与高校、科研院所、革命场馆、文史专家的联动合作，加强文物、史料研究，深入发掘文物史料价值内涵、精神内涵，进行提炼传播，开发面向不同受众的教育资源，通过联展、党课、微故事等方式，充分利用

133

网络、电视、自媒体等平台进行宣传教育。同时，多途径加强教育培训，在研究、讲解、管理等方面打造一支业务精湛、思想过硬的人才队伍。

程潜与长沙白果园公馆

二、建筑特点拾遗

　　程潜公馆，位于长沙市芙蓉区定王台街道丰泉古井社区白果园19号。建于民国时期，典型的长沙地方特色公馆建筑，是湖南和平解放珍贵的历史见证，具有重要的历史价值和艺术价值。

　　民国时期，随着长沙经济的繁荣发展，与各地开放交流进一步深入，江浙等地商户内迁，西洋文化也迅速传播开来，受中国传统文化、民俗文化及西洋文化的交织影响，建筑风格也呈现出显著的中西合璧特点，程潜公馆即是这一时期建造的中西合璧式公馆建筑。公馆坐北朝南，两层砖木结构，半回廊式院落布局，占地面积214平方米，建筑面积340平方米。平面功能分区明确，为典型的湖南地区公馆建筑布局，由大门、内庭、堂屋、卧室组成。上、下两层，共14间房屋，

程潜公馆全貌

属于中型公馆。立面形态简洁，两面坡硬山顶，木构三角形屋架，上覆小青瓦，一层外墙为清水红砖，二层外墙为拉毛草筋灰墙面，饰白色线脚；大门门框为花岗石建造的石库门；内庭面积42平方米，凿有单眼水井；一楼地面为青砖，二楼地板、楼梯、门窗、栏杆均为木质结构。整栋建筑布局严谨，庄重气派，做工精致，是现存中小型公馆建筑的典型代表。由于长沙属于亚热带季风湿润气候区，温和湿润，季节变化明显，夏季潮湿多雨，冬夏干燥少雨，因此针对这种气候，长沙多数民居建筑都是以南向为主，屋顶两面坡硬山，开满可活动的玻璃窗扇，有利于通风、采光、排水等功能的实现。

大门

走近公馆，见两扇厚衫板拼成的大门，铜制门环，底座饰貔貅图案，铺首为齿轮状圆盘，皆为趋凶避邪之意。中国传统文化中的吉凶等观念始终影响着长沙近代公馆建筑大门的建造方式和装饰手法。大门框架用花岗石建造，通称为石库门。门的右侧开了一小窗户，用做观察及大门栓开启锁闭之用。自古以来，就将一个家庭的家风称为"门风"；将一个家族的资望称为"门望"；一个家庭的品第称为"门第"。采用传统石库门式的公馆一般建于受传统文化影响较大的初始期和战后通货膨胀、财政崩溃的衰落期。门在建筑叙事中既是一个逗号，又是一个句号，既是变换封闭院落空间环境的中介，又是空间环境行为的限制点。尊卑、贵贱、亲疏、吉凶等指向通过门凝聚，大门不单纯是一个出入口，它已经成为一个家庭的代表，一个家族的象征。

内庭和天井

程潜公馆属内庭式公馆，平面布局有点类似于现代复式住宅，进门后为一贯通两层的内庭，为扁长方形，形状类似于天井，但有屋顶，屋顶与堂屋屋架一体。内庭靠近前面，可作为边庭，靠前墙第二层为平台，可侧面采光。

程潜公馆大门

内庭右侧有一口直径30厘米的小井，是当时生活用水和消防急需的重要水源。有史料记载古城长沙有水井的民房在大门口都钉有"井"字标牌，但目前已不可见。

内庭式公馆的平面布局，实际上加大了土地的利用率，亦内亦外的天井盖上屋顶后便成为实际上的室内空间，内庭既扩大了堂屋面积，增强了堂屋的灵活性，又可以像西式洋房舞厅一

程潜公馆内庭

137

位于内庭右侧的小水井

样，成为多人重大活动的场所，避免巷内活动对户内居住条件的干扰，提高户内居住空间的安全性，是精明的长沙人在20世纪40年代最为热衷的一种公馆形式。

江南民居中的天井是从主体建筑中剔除的部分，而公馆的内庭和天井是附加于建筑主体的。在纵深轴线的多进天井中，每一进过渡天井对于前天井来说，它是内院，对于后天井来说，它又是外院，这样的过渡天井带有位序上的"亦内亦外"性质，起着承上启下的作用。它与室内外的复合空间交织在一起，形成了公馆建筑多层次复合空间现象。程潜公馆西面也有一个后天井，一来作为洗漱之用，二则是不让建筑主体靠外墙，形成多层次复合空间。可见，当时公馆建筑在空间布局上、安全性上要求很高，与当时长沙近代史始终伴随战乱和灾难的社会背景息息相关。

堂屋和卧室

站在内庭，我们一眼就可以看到堂屋（现为一层湖南和平起义历史陈列的序厅）。堂屋是中国传统住宅中最重要的房间之一。会客、休息、家庭交流、订婚等都会选在这一空间进行。它处于公馆中心位置，正房都是为围绕它来布置的，这种空间序列，意蕴体现了旧时的伦理思想。

封建社会是以血缘关系为纽带的宗法家族制度，家长至高无上，堂屋处于平面中核心的位置，按照空间序列感，堂屋恰恰形象地体现

堂屋，现为湖南和平起义历史陈列序厅

了这一点。从总体上说，堂屋重人伦关系，重视家族整体观念，重视道德教育和道德修养，重视人的情感。堂屋一方面人情味十足，一方面又冷酷严厉，这种双重现象并不彼此分离，而是黏合在一起。虽然随着外来文化的侵入，西方居住文化逐渐改变了传统民居生活空间形式单调的弊病，开始以使用功能去进行卧室、书房、起居、厨房等房间的设计，但长期以来人们已习惯了在心理上依赖堂屋空间，因为它象征着神明永驻家中，保佑家庭平安，于是在公馆建筑中仍然保留堂屋空间，并一直处于整个平面布局中较重要的位置。

卧室也是公馆的重要组成部分，堂屋两边通过门相连的两个房间作为正房，当时住在公馆中的人已经比较注重私人生活空间的质量，即使公馆再小，也不会轻易减低正房的质量。这个与当时所用的家具也是有很大关系的，当时人们卧室陈设较简单，柜子与床是必需的，另外再加书桌和盛放脸盆的洗脸架，等等。在这些家具里面，床的体量是最大的。旧时长沙比较富裕的人家一般用的是"雕花床"，它的长宽尺寸都是超规格的，正面的镂雕浮雕甚多，多的能镶各种几何图

139

卧室，现为湖南和平起义历史陈列展厅

形的彩画玻璃，花草虫鸟、故事人物栩栩如生。这么巨大的床很难从外面搬到卧室中，有时候只能直接就在卧室里面做好。因此，公馆的卧室空间都是很有讲究的。

楼梯

内庭并未与堂屋直接相连，中间隔着一道走廊，走廊的一头是通往二楼的主要通道——楼梯。这是内庭空间中的一处亮点，丰富了公馆的空间层次。楼梯公馆建筑一般为两至三层，所以楼梯便成为重要的交通空间。交通空间是任何建筑组合中不可分割的一部分，并在建筑的容积中占有相当的空间。在传统民居中，楼梯间的体量常常占据很小的空间，坡度也比较陡，一般布置在次要的、隐蔽的位置，不能影响堂屋作为住宅主体核心的地位。程潜公馆的楼梯为了节省空间，楼梯呈"L"形，坡度接近45度，梯段宽度不超过90厘米，但受到西方居住文化和习惯的影响，将楼梯设在比较重要或显眼的位置，开始逐渐习惯把楼梯作为住宅的核心，并重点装饰。而且将楼梯设在北面，从而使东南面便于布置居住房间。

程潜公馆楼梯

建筑是一个时代特征的体现，它反映着特定历史时期人们的物质生活水平和精神状态。俄国的哲学家赫尔岑说："揭示过去的意义，就是揭示现在和未来的意义。"程潜公馆，或许当时只是程潜将军戎马倥偬生涯当中的暂安之所，但留下的革命历史意义，通过建筑这种物质实体给人们留下了一笔宝贵的财富！

（参考文献：罗明《对近代长沙公馆建筑形态的类型学研究》、袁媛《设计追随生活——长沙市近代公馆建筑的尺度与生活方式之关系》、谭亦高《长沙公馆的典型空间联结方式分析》）

三、陈列展览情况介绍

程潜铜像

程潜公馆是一栋两层楼的民国建筑，红砖外墙青瓦屋顶，于闹市中彰显着一份历史的厚重。

1949年8月4日，程潜、陈明仁等37位将领毅然联名发出起义通电，使湖南人民免遭战祸，实现湖南和平解放。陈列馆就是这段历史的重要见证，为让大家铭记历史，我们在馆内举办了两个小型的专题陈列，一层为"湖南和平起义历史陈列"，二层为"程潜生平业绩陈列"。

走进大厅，正前方屹立的半身铜像是程潜担任全国人大常委会副委员长时期的肖像，在铜像后的数字墙记载的是程潜一生中非常重要的历史时间节点。右手边的两组碑刻，镌刻的是程潜、陈明仁等37位湖南和平起义通电将领名录和唐生智等104位社会各界人士通电响应和平起义名录。

湖南和平起义历史陈列

从大厅往左手边进入的就是"湖南和平起义历史陈列"，这一陈列由序厅、第一展厅、第二展厅、过厅、第三展厅、第四展厅6个展厅组成，主要向大家展示抗日战争、解放战争直至1949年8月4日湖南宣布和平起义的历史背景，在中共中央、湖南省工委和毛泽东同志大量艰苦又细致的工作之下，程潜、陈明仁两位将军为使湖南人民免遭战祸寻求光明之路的史事。

一楼序厅

首先进入的是序厅，序厅介绍了程潜、陈明仁两位将军与党中央、毛主席建立的亲密友好关系，以及在解放战争中作出的突出贡献。

正墙上分别展示了程潜、陈明仁与毛主席的亲切合影，两侧展墙展示了程潜、陈明仁关于湖南和平起义的一段回忆，毛泽东、朱德复程、陈通电的贺文，

湖南和平起义历史陈列

展柜里展出程潜、陈明仁荣获的一级解放勋章等。1945年重庆和谈，当时毛主席与程潜进行过一次深刻的谈话，涉及国家的发展以及程潜个人的政治前途。谈话中，毛主席支持程潜参加中华民国副总统的竞选，说竞选成功，好主持国共和谈，竞选不成功，就只要个湖南，回湖南搞和平运动。这也为日后湖南的和平解放埋下了伏笔。

第一部分　苦难湘人盼和平

从序厅左手边进入的是第一展厅，这一展厅按时间顺序，介绍从抗日战争到解放战争时期湖南人民饱受苦难，省参议会号召人民自保自救、人民盼和平的史事。

展墙上展示了1937年11月日军飞机轰炸长沙火车东站后的惨状；文夕大火，由于日军进犯的加快，国民党当局采取焦土政策，制订了焚烧长沙的计划，但计划实施中的一些偶然因素，让这场大火变得完全不受控制，最终导致长沙三万余人丧生，全城80%以上的房屋被烧

毁，经济损失约10亿元。还有常德细菌战、毒气战，厂窖永固坑"千人坑"中的累累白骨。一幅幅展图诉说着日军的残暴行径。

抗战终于胜利了，三湘儿女迫切渴望在和平环境下恢复生产、重建家园。然而，国民党政府违背人民意愿，于1946年6月悍然发动全面内战，并进行货币改革，发行金圆券。展柜展示了迅速贬值的金圆券，物价的疯涨促使很多人在饥饿与死亡线上挣扎，展墙上就展示了福利院的孤儿骨瘦如柴的生活状态。

湖南人民对战争充满反感，和平呼声日益高涨。青年知识分子也走上街头，展墙上展示了"湖南大学反内战大游行"示威活动，长沙各大、中学学生一万余人在又一村体育场，举行"声援南京四·一惨案，争取真和平大会"的集会图。

其中展墙上还展示了湖南克强学院学生自治会主席、长沙学生运动领导人之一的高继青烈士的事迹，高继青烈士在长沙惨遭国民党军统组织暗杀，牺牲时年仅22岁。

当时中共湖南省工委的旧址，在长沙市开福区的一个小巷子里，是一个缝纫店，以此来掩护中共地下党的一些活动。从展墙上的党的秘密外围组织一览表中，可以看到党的秘密外围组织包含有工人、农民、学生等数千人，这些声势浩大的反内战、反饥饿大游行活动，离不开中共地下党的坚强领导。

湖南人民自救委员会成立后，号召人民自保自救。展墙上展示了湖南省人民自救委员会主任委员唐生智，副主任委员陈渠珍、仇鳌、刘公武等的相关资料。

第二部分　和平起义成大业

顺着展墙进入的是第二展厅，从这一展厅到最后第四展厅介绍的是和平起义成大业，它以大事记的展陈方式，客观真实地介绍了湖南和平起义的历史过程。

第一组：湖南和平起义大事记（1948年）

1948年6月21日，国民政府任命程潜为湖南省政府主席。程潜主持湘政后，对湖南民众的爱国民主运动采取了比较宽容的态度。中共湖南省工委根据中共中央和毛泽东关于"在国民党军队中，应争取一切可能反对内战的人，孤立好战分子"的指示精神，为争取程潜走和平道路做了大量艰苦细致的工作。

展墙上展示了中共湖南省工委派地下党员从台湾请回湖南帮助工作的程潜族弟程星龄、军事策反小组组长余志宏、湖南省政府顾问方叔章等人的照片。

展柜里展出了余志宏送给方叔章的毛泽东的2本红色著作《新民主主义论》《论联合政府》，希望通过影响方叔章而影响程潜。

展墙上归纳了程潜回到湖南后为密谋起义采取的一些措施，其中"二五减租"和全省停止征兵深受民众拥护。

进入过厅，展示的是在辽沈、淮海、平津三大战役的伟大胜利的背景下，国民党赖以生存的主要军事力量基本被消灭。1948年12月31日晚，程潜与程星龄密谈。程潜明确表示，决心脱离蒋介石政权，投向中共，并委托程星龄作为他的代表同中共地下党组织联系。1949年1月1日，毛主席在《人民日报》发表新年献词——《将革命进行到底》，文章号召全党、全军、全国人民坚决彻底干净全部地消灭一切反动势力，建立人民民主专政的共和国，彰显了中国共产党夺取革命胜利的决心。

1949年1月19日，中共湖南省工委根据毛主席"争取湖南和平起义"的指示，在方叔章家召开一次重要会议。与会者决心争取实现湖南和平，影响并促使程潜起义，并且电告程潜长子程博洪回到长沙，进一步促进程潜起义的决心。

说到湖南的和平解放，必须要提到另外一位关键人物——陈明仁。他跟程潜是同乡、是师生、是上下级的关系。在国民党军队的25年里，从一名普通士兵，官至兵团司令，是一位军事奇才，抗日战争时期战功赫赫，曾经在东北的四平与林彪的军队发生过一场血战，这也成为他起义最大的一个顾虑。

第二组：湖南和平起义大事记（1949年）

进入第三展厅，首先看到的是任华中"剿匪"副总司令兼武汉警备司令、二十九军军长的陈明仁将军照片，在程潜的请求和刘斐的帮助下，陈明仁的部队成功移驻湖南整训。遵照中共中央确定的方针，中共湖南省工委加紧了争取陈明仁起义的工作，展墙上也展出了对陈明仁进行争取工作的中共湖南省工委代表——李君九的照片。

3月5日，毛泽东在中共七届二中全会报告中提出解决国民党残余部队的三种方式，强调用和平方法解决问题的可能性增加了。章士钊也带来了毛主席对程潜的态度：不仅会既往不咎，而且会受到礼遇。

4月20日，李宗仁、何应钦复电张治中及各代表，拒绝接受《国内和平协定》；4月21日，中国共产党中央委员会主席毛泽东、中国人民解放军总司令朱德发布向全国进军的命令，百万雄师横渡长江；4月23日，人民解放军占领南京。

展墙上展示了程潜1949年4月11日发表书面谈话摘录："湖南是三千万人民的湖南……我以至诚至正的决心，以我们点滴归聚的群力，求使湖南免于战祸的惨痛，求使人民免于炮火的灾害，求使社会秩序安定，求使地方元气保全！这是我的愿望，我相信这也是人民的要求。"紧接着进入的第四展厅，展示程潜派唐鸿烈作为他的代表秘密去香港找共产党，转达走和平道路的意愿。

进入第四展厅。5月，程潜派遣唐鸿烈、李默庵作为他的高级代表，秘密去香港找到中共中央驻香港代表乔冠华，报告了湖南方面的情况，转达了走和平道路的意愿。中共中央指示在湖南设立秘密电台以便于与程、陈取得直接联系，展柜里展出有秘密电台的收发报机。

6月，程潜还向中共湖南省工委递交了致中共中央和毛泽东主席的备忘录，展墙上展示了毛泽东给程潜的复电："先生决心采取反蒋反桂及和平解放湖南问题之方针，极为佩慰。"

7月，在白崇禧的逼迫下，程潜将湖南省政府主席交由陈明仁代理，被迫出走邵阳，随后又秘密赶回长沙组织部署起义事项。

紧接着，展柜里展出的是1949年8月4日程潜、陈明仁领衔发出的湖南和平起义通电电文手稿草稿。展墙上展出了中国人民解放军第一三八师在长沙小吴门举行入城仪式，长沙数十万群众夹道欢迎解放军入城的场景。

湖南的和平解放，不仅使湖南人民免遭战祸，而且打击了华南、西南、西北的国民党残部，加速了全国解放的进程。

程潜生平业绩陈列

走出湖南和平起义历史陈列，左拐沿着楼梯上二楼，来到的是程潜生平业绩陈列厅。程潜生平业绩陈列介绍的是湖南和平起义的领衔人程潜将军的生平事迹。该陈列以时间为轴，结合家居复原设计，让观众身临其境地感受历史沧桑。

首先进入的是陈列的序厅，主要展示程潜在新中国成立后的基本活动情况。这里由正墙上的一幅程潜与毛主席在南熏亭的合影拉开序幕。展墙两侧还分别展示了程潜在新中国成立后的生平大事记以及程潜婚姻子女情况一览表。新中国成立后，他历任中央人民政府委员、中国人民革命军事委员会副主席、国防委员会副主席、全国人民代表大会常务委员会副委员长、湖南省省长、民革中央副主席等职。为新

程潜生平业绩陈列

中国的社会主义革命和建设，作出了重要贡献。

毛主席当年在长沙参加过新军，当时程潜是湖南省督军府的军事厅长。所以毛主席后来一直尊称他为"老上司"。后来在国民党一大召开时，程潜是湖南的代表，毛泽东作为共产党员的代表参加了国民党的一大。解放以后，毛泽东邀请程潜到北京参加中国人民政治协商会议第一届全体会议，毛泽东、朱德、周恩来等亲自到北京火车站迎接。受到这种礼遇的只有两个人，一位是宋庆龄，一位就是程潜。新中国成立以后，毛泽东等党和国家领导人也多次邀请程潜到中南海商议国家大事，毛泽东七十大寿还专门请程潜来赴家宴。

程潜自己的生活非常简朴，对家人的要求也很严格。当时为了照顾程潜比较多的旧部，毛泽东特批给程潜每月5万斤大米，折合人民币5000元，这在当时是一笔巨款。程潜主要用来接济辛亥革命后生活困难的老部属及其后代。他的子女家人都没有享受到特批费的一分钱。他过世后，他们一家子在北京生活非常拮据。之后，周总理给他的夫人安排了工作，才得以维持家中生计。

投笔从戎参加辛亥革命

从左手边进入的是第一展厅——投笔从戎参加辛亥革命。这里介绍了程潜青少年时期的求学经历、投笔从戎参加辛亥革命的背景。

首先展墙上展出的是程潜的母亲程钟氏、青年时期的程潜。1900年，程潜考取岳麓书院正课生；在严重的民族危机推动下，程潜怀揣一腔报国热血投笔从戎，1903年以第一名的成绩考入湖南武备学堂；1904年公派留学日本，在日本结识了孙中山、黄兴、宋教仁等人，并加入了中国同盟会；1911年辛亥革命爆发，到武昌协助黄兴指挥炮兵；1916年靖县护国军湖南人民讨袁大会上，程潜被举为护国军湖南总司令，毅然宣布湖南独立，从而把湖南人民反袁驱汤的斗争推向了高潮。

这一展厅用复原的办公桌椅、台灯，以及收音机里播放的程潜的《壮志书》，还原了程潜当年的办公场景，紧挨着的木质书柜里面收藏了程潜少年求学时阅读的部分书籍以及他珍藏的部分经史、古诗善本。

追随孙中山参加东征、北伐诸役

顺着展览进入的是第二展厅——追随孙中山参加东征、北伐诸役。这里展示的是程潜作为孙中山的得力助手，追随他参加东征、北伐诸役的场景。

展墙上展示了程潜陪同孙中山在广州参加俄军事顾问葬礼图，以及程潜在广州主持创办大本营军政部陆军讲武学校旧址图。

程潜16岁就考取了秀才，是一名能文能武的儒将，这一展厅展柜里就展出了程潜撰著的《养复园诗集》，收录了程潜自撰诗文三百余首。

1936年，"两广"反对蒋介石发生了"六一"事变，程潜受命赴广西调停，促成蒋桂和解，从而避免了内战，统一战线团结抗日。

拥护第二次国共合作，督师抗日

走出过厅，进入的是第三展厅——拥护第二次国共合作，督师抗日。这一展厅介绍了程潜出任第一战区司令长官兼河南省主席时，曾立下遗嘱亲自上前线抗日，直到抗战取得胜利，舍小家为大家的爱国情怀。展墙上展示了他立下的遗嘱文抄，以及程潜为积极支持河南民众的抗日宣传活动。展墙展示了程潜赞助的开封孩子剧团部分团员的合影。1939年5月13日，程潜晋升为一级陆军上将。展柜里展示了程潜的一级陆军上将军服、领章、肩章，生前穿过的中山装、皮鞋，以及他荣获的宝鼎勋章、云麾勋章。

1945年8月15日，日本政府宣布无条件投降，中国终于取得了抗日战争的伟大胜利，重庆沉浸在欢乐的海洋中。展墙上展示1945年9月3日，代参谋总长程潜，陪同蒋介石巡视欢庆胜利的重庆百万群众照。

领衔湖南和平起义

接下来进入的是第四展厅——领衔湖南和平起义。这一展厅介绍了湖南和平起义的关键人物、细节事件。

墙上这张照片是中华民国的最后一次大合影。当时总统、副总统就任的照片。副总统的竞选最后在程潜、李宗仁和孙科当中来进行。在新一轮的投票当中，蒋介石极力支持孙中山的儿子孙科，向程潜做工作，希望程潜放弃副总统竞选，支持孙科当选。而李宗仁则利用桂系的影响力和雄厚的财力，甚至出现了贿选的情况。程潜觉得整个选举毫无意义，于是毅然弃选，并且号召他的支持者转投李宗仁，让蒋介石的独裁梦落空。最后李宗仁成功当选中华民国副总统。副总统竞选失败后程潜即回到湖南主政，积极谋求湖南的和平解放。

在展柜里可以看到程潜为湖南和平起义，向昆明、重庆等地的军政长官，307师广大官兵写的亲笔信件。

湖南和平起义后，毛泽东邀请程潜等人赴北京出席中国人民政治协商会议。9月，程潜当选为全国政协委员。10月，当选为中央人民政府委员会委员，任中央人民政府人民革命军事委员会副主席。展墙上展示了1949年9月19日，毛泽东邀请程潜、陈明仁等游览天坛合影。

展柜上还摆放了程潜与妻女的合影。

1968年4月9日，程潜不幸因病在北京去世，享年86岁。程潜的一生是献身民族民主革命，历尽艰辛、英勇奋斗的一生。他热爱祖国、追求进步、服膺真理、矢志不渝的革命精神将永垂青史。

程潜诗文书印选

給在台灣的舊朋友、舊同事們的公開信

（三）

程　潛

在台灣的舊朋友們、舊同事們：

你們一定非常關心祖國的情況，你們當中許多湖南籍的人，一定更關心解放後的湖南情況。在這裡，我願意把六年來湖南的情況，向你們作一些簡要的介紹。你們都曉得：一方面，湖南是革命策源地之一；另一方面，反革命在湖南的統治也是最兇惡、最惡毒的。在中國人民大革命取得勝利以前，革命勢力和反革命勢力一直在湖南進行着尖銳劇烈的鬥爭，而長期的反革命的罪惡統治，又給湖南人民帶來了離以言狀的苦難。這些苦難的回憶，在你們腦子裡應該是很清楚的：你們不是見過，廣大的湖南農民因為最受不起殘酷的壓榨和剝削，把田地荒蕪起來，外出流浪謀生嗎？你們不是見過，湖南的桐農和茶農，在生計逼迫下，忍痛砍掉油桐和茶樹嗎？你們不是見過，洞庭

濱湖地區的農隸在水災侵襲之後，攜兒帶女，離鄉背井，到外地去逃荒嗎？你們不是見過，湘西的反革命土匪和地主武裝搶封勒索，綁票殺人，騎在人民頭上作威作福嗎？你們不是見過，國民黨反動派的僞鈔像長魚肉瘟裡，抽丁抓伕，把老百姓弄得日夜不安嗎？你們不也是見過，國民黨反動派的貪官污吏、黨棍、特務把湖南搞得一場糊塗，經濟凋敝，民不聊生嗎？我告訴你們，這些苦難的情景，已經是歷史上的陳跡，現在是永遠地、永遠地一去不復返了。

人民的湖南，現在已經出現了新的面貌。目前全省有工業企業九百多個，全省的發電量已等於解放前的十倍。長沙市人口解放後已增加一倍，市內也安裝了自動電話和自來水。六年來，湖南的農業生產連續慶得豐收。解放前湖南的糧食產量不到一百

壮志书

程　潜

我的志向如下：

一、中国自鸦片战争失败后，备受外国的政治经济侵略。辱莫辱于英法进攻广州之役，叶名琛以昏愚腐朽，拱手为英人虏去，而不复返；耻莫耻于英法攻陷塘沽之役，僧格林沁轻躁妄动，惨遭失败，火烧圆明园；痛莫痛于甲申之战，清政府事权纷乱，法国不费吹灰之力，而夺去越南，顿失南疆的藩篱；惨莫惨于甲午中日之战，李鸿章所部海陆军失利，政府屈膝求和，割让辽东半岛和台湾，虽由列强假言仗义，保存辽东半岛，而主权领土，俱达损失无遗。嗣是英租九龙，虎视两广，囊括长江上下游，并由印缅进窥西藏；法占广州湾，进犯云南，席卷川黔；德国横占胶州，觊觎山东；俄人强侵旅顺，驻兵东北；美国高唱中国门户开放，利益均分。最近庚子动乱，八国联军，攻破北京，迫使李鸿章签订卖国条约，列强划分势力范围，瓜分中国之祸，痛切燃眉，一旦实施，无论远近，同归于尽。岂有血气者所能坐视？

二、中国政治腐败，人心昏愚，由来已久。远植根于首创愚民政策的朱元璋，崇信朱熹尊君抑民学说，取四书朱句，创立八股文程式，定为科举取士，使举国人民的才智消磨和束缚于四书讲义中，谓以此法可使天下英雄尽入其彀中，足以保其帝王万世之业。熟知朱明之亡，亡于黑暗愚昧，远不敌农民起义的李自成。清兵入关，蹈袭其术，变本加厉，内外巨工非八股出身不用。中国学术黑暗历五百数十年之久，不见天日，古谚有之曰："痛莫痛于女子缠足，惨莫惨于男子缠心。"而其结果使普天率土之人，沦于奴隶。皮将不存，生将焉附？洪杨揭竿而起，一夫发难，天下响应，莫敢谁向？曾胡左李，利用地主富农民二十余年之力，始得削平。嗣是外患频临，经济枯竭，文嬉武恬，民穷财困。藉曰除旧革新，改试策论。殊不知策论而与八股同一空虚，即使文如韩柳，才过欧苏，在当时亦不发生作用，在今日更不能捍卫国家，而救危亡，自可断言根本之论端，尽在学校振聋发聩。固非旦夕所能行，亦非旦夕所能成。有志者能不早图奋起？

三、我家世代务农，我祖我宗耕田而室，凿井而饮，日出而作，日入而息，原不与闻国政。我父含辛茹苦，谋得衣食，促足自给。即使我变为士人，亦不过希望我读书成名，籍光门第而已。我今年年满20岁，已既冠矣。我自9岁发蒙，11岁开始学习八股时文，到14岁前后四年间，朝夕揣摸，煞费苦心，求得奥秘，而不知其长行黑路，虚浮无用，空费光阴。15岁至19岁前后5年间，尽力贯通经史，旁及诸子百家，兼修古文诗词，素以通博自豪，目空今古，仅于戊戌获得一衿。以后滔滔岁月，一无成就。殊不知古文诗的虚浮不切实用，亦与八股同。最近研究阳明学律，已修身遇事，以实践为古。经过庚子变乱，使我爱国之心与日俱增，且深感人我关系尤为重大，无有国家，既无己身，无有人亦无有我。人生于世不耕而食，不织而衣，这衣食之所来何等艰难。我对国家对人类不尽我其所能力，何以为人？若谓所以博通经史，为己乎？为人乎？为国乎？经史死物，不能致用。善作文章，有益于人乎？有益于国乎？有益于己之心身乎？文章也是死物，既不能衣，亦不能食，徒为欺世之具而已。中国今日从外患来说，凶恶的欧美资本主义，挟其政治经济军事文化的优势力量，肆行侵略中国，图尽化为彼之殖民，物以饱其狼虎之欲。迄至狼虎利害冲突，势不相下，尔后划分势力范围，造成瓜分之局。一旦付之实施，必将举国悉受其祸，此为举世凡有血气者，之所不能忍受之侵侮。我自问：为有血气者，自然不能忍受。从内忧来说，惨恶的愚民政策，残虚的腐败政治，消磨举国的才智，俟成为毫无所知和毫无所能的蠢豕，酿成无法无天，贪暴成风的世界。此又为凡有血气者之所不能忍视的现象。我自问：为血气者当然不能忍视。外侮如此其极，应当准备有以御之；内忧如此其深，应当设法有以平之。而我自顾一无所知，一无所能，与彼八股之徒同，既无真学问，亦无真本领，未足与言削平弥天患难。曾闻有人自费出洋，研求学问，而我以农民之家，无此资斧。亦闻政府间常派遣学生外洋留学，而我为一乡村秀才，决不能分配及我。我反复思维，惟有弃文就武，投考武备学堂，前途或无阻碍。从今以后，决不再习举业，也不应科举，断然结束我十余年研究中国经史及文学的生涯。

（此文由程潜公馆提供）

程潜诗文书印选

程替与长沙白果园公馆

一九五〇年元旦獻詞

程潛

一九五〇年元旦，是中華人民共和國誕生的第一個新年，是最偉大、最光榮的一年，我們熱烈慶祝這個新年，慶祝解放勝利，是其有隆重的歷史的意義的。

由於毛主席和中國共產黨的正確領導，由於解放軍的英勇奮鬥把蔣匪白匪數百萬軍隊打垮，把美帝國主義干涉中國的帝國主義、封建主義、和官僚資本主義被推翻了。從此我們有強大的解放軍，與解放了覺悟了的人民團結在一起，今後不但是任何內亂搞不起來了，就是強暴的帝國主義也祇好碰嘉我們發抖，再不敢隨便來侵犯我們。從此中華民族再也不是一個被人欺侮的民族了，今後不但得了完全的自由和民主的生活。從此把一九五〇年進入和平建設的道路也鋪好了。我們慶祝人民革命偉大的勝利，首先要衷心感謝毛主席、中國共產黨、和人民解放軍，並向毛主席、中國共產黨、和人民解放軍謹致最崇高的敬禮！

我們熱烈慶祝新年，慶祝勝利，但是我們不要忘記了還有殘餘的反動派割據在台灣和海南島。我們要努力支援前線，把殘餘的反動派徹底肅清，完成全國的統一；同時我們不要忘記了也還有土特務和惡霸，這些都是蔣匪的爪牙，蔣匪的流毒。尤其在美帝國主義者在中國宣告了失敗，蔣匪已經垂亡的時候，他們絕對不會甘心，必然會更猖狂的進行殖種破壞，進行種種陰謀，蔣匪及其反動派才無死灰復燃的可能，美帝國主義者才無隙可乘，才能確保人民革命勝利的成果。

毛主席諄諄指示我們：「我們的情況概括的說來，就是：有困難的，有辦法的、有希望的。我們的困難所在，不要臨頭這種困難，但是我們同時也必須向人民說明，我們確實有辦法克服困難，我們既然有辦法克服困難，我們的事業，就是有希望的，我們的前途是光明的，我們的情況會一年比一年好，估計明年會比今年好。」毛主席的指示是非常正確的。今年一定可以結束戰事，完成全國統一，當然今年仍比去年好，但，今年是我們由艱困逐漸轉入佳境的頭一年，依然仍有很多困難，一切要靠自力更生，我們必須屬行政府所號名的精簡節約，我們必須努力增備迅速完成土改，我們必須跟踪購銷中央人民政府所決定的即將發行的人民勝利公債。我們要團結一致克服今年的任何艱困，乃至不可預測的天災，我們要勝利地推進到明年更佳的境況。

我們熱烈慶祝新年，慶祝今年解放勝利，我們以努力籌備繳餘反動派，建立並鞏固革命秩序，努力學習改造自己，努力克服今年的艱困，努力建設工作來相互勉勵，我們一致歡呼：—

中國共產黨萬歲！

中國人民解放軍萬歲！

中國人民共和國萬歲！

中華人民領袖毛主席萬歲！

經過反動派長期的統治，犧牲整個社會昏天黑地，人性毀滅殆盡，趁着新年萬象更新，我們要一致努力自己求新。必須作新民，一切陳腐的敗德惡行，洗刷乾淨；大家從頭做起，尤其要虛心學習毛主席的理論與實踐相結合的思想。今年是由戰爭變到建設的年頭，今後大家要老實，要廉潔，要穩健，要公正，向建設坦途邁進。要萬眾一心，埋頭苦幹，來建設一個現代的工業化的富強康樂的國家。

無隙可乘，才能確保人民革命勝利的成果。

156

给在台湾的旧朋友、旧同事们的公开信

程 潜

在台湾的旧朋友们、旧同事们：

你们一定非常关心祖国的情况，你们当中许多湖南籍的人，一定更关心解放后的湖南情况。在这里，我愿意把六年来湖南的情况，向你们作一些简要的介绍。你们都晓得：一方面，湖南是革命策源地之一；另一方面，反革命在湖南的统治也是最凶恶、最狠毒的。在中国人民大革命取得胜利以前，革命势力和反革命势力一直在湖南进行着尖锐剧烈的斗争，而长期的反革命的罪恶统治，又给湖南人民带来了难以言状的苦难。这些苦难的回忆，在你们脑子里应该是很清楚的：你们不是见过，广大的湖南农民因为经受不起残酷的压榨和剥削，把田地荒芜起来，外出流浪谋生吗？你们不是见过，湖南的桐农和茶农，在生计逼迫，无可奈何的情况下，忍痛砍掉油桐和茶树吗？你们不是见过，洞庭滨湖地区的群众在水灾侵袭之后，携儿挈女，离乡背井，到外地去逃荒吗？你们不是见过，湘西的反革命土匪和地主武装抢劫勒索，绑票杀人，骑在人民头上作威作福吗？你们不是见过，国民党反动派的伪乡保长鱼肉乡里，抽丁抓夫，把老百姓弄得日夜不安吗？你们不也是见过，国民党反动派的贪官污吏、党棍、特务把湖南搞得一塌糊涂，经济凋敝，民不聊生吗？我告诉你们，这些苦难的情况，已经是历史上的陈迹，现在是永远地、永远地一去不复返了。

人民的湖南，现在已经出现了新的面貌。目前全省有工业企业九百多个，全省的发电量已等于解放前的10倍。长沙市人口解放后

157

已增加一倍，市内也安装了自动电话和自来水。六年来，湖南的农业生产连续获得丰收。解放前湖南的粮食产量不到一百五十亿斤，一九五二年就增加到一百八十三亿斤，前年和去年，虽然遭受水灾，但粮食量仍然维持并超过了一九五二年的水平。去冬今春，我们修复了洞庭湖的堤垸，今年雨水顺调，丰收在望。

去年，湖南洞庭湖地区遭受了当前人力不可抗拒的水灾。但是，我们领导群众战胜了灾害带来的困难，并且随即组织了八十五万民工和干部，以四个半月的时间，在冰雪严寒下迅速完成了洞庭湖堤垸修复工程。这个工程，共包括重点整修、一般堤垸修复、堵口、建闸、整理洪道、防护工程等六个部分，堤线共长四千七百一十公里，实际完成土方八千六百多万立方米。这个工程修复完成，使洞庭湖区域扩大了有效蓄洪量六十二亿六千万立方米，并增加了三十万亩耕地。从此，洞庭湖区六百万亩良田在一九四九年的洪水位下，可保安全生产；重点整修的堤垸，即使遭受去年那样的特大洪水，也可以保证二百万亩左右垸田不溃少清，得到丰收。难道这又是国民党反动派不顾人民死活的暴力政府所能够想象得到的吗？是它们能够办得到的吗？

六年来，湖南人民在各个方面都取得了重大成就。现在，三千三百万湖南人民正以沸腾的劳动热情，迎接这次全国人民代表大会通过的发展国民经济的第一个五年计划，为完成和争取超额完成国家计划而努力。

在台湾的旧朋友们、旧同事们：当你们听到祖国建设事业取得光辉成就的消息的时候，难道你们不感到精神上的负累和良心上的谴责吗？在祖国的土地上，同样有着你们祖先的坟墓，有着你们的骨肉亲朋，有着你们熟悉而亲切的故乡；而你们的子孙后代，也将要在这块土地上劳动和生息。祖国人民正在满怀信心地从事宏伟的建设，向社会主义前途迈进，而你们却躲在阴暗的角落里，难道你们竟会不理解这是人间的绝顶羞耻吗？难道你们竟会不知道这是对祖国、对人民、对祖先、对后代的严重犯罪吗？我从许多片段的真实的报道里面知道：目前台湾已经陷入政治、经济和军事的危机中。这种危机是全面的，深刻的。因此绝大部分在台湾的人悲观失望，人心惶惶；许多人忧心忡忡，感到"还乡何日"这种岌岌不可终日的末日感，正是你们在利害事势面前思想矛盾的反映。但是，我要向你们指出，这种末日感，绝对不能使你们在痛苦的深渊中得到自拔。要摆脱这种痛苦，在毁灭的边缘拯救自己，唯一的一条出路就是归附祖国，归附人民。既然"在可能的条件下"，祖国人民"愿意争取用和平的方式解放台湾"，那么，身在台湾的你们，就应该在历史的事实面前变得聪明一些，恢复自己尚未完全泯灭的爱国心，运用各种可能的方式，在解放台湾的事业中贡献出自己的力量。人民群众是最公允的，只要你为人民做了好事，哪怕你的功劳只有一丝半点，人民群众也将不会忘记，让你继续为人民效劳，给你美好的前途。我自己的经历，就是一个很好的证明。

在台湾的旧朋友，旧同事们：别久念深，我本着爱人以德的精神，对你们寄予殷切的期望，希望你们能够当机立断。

程潜与长沙白果园公馆

诗文二首

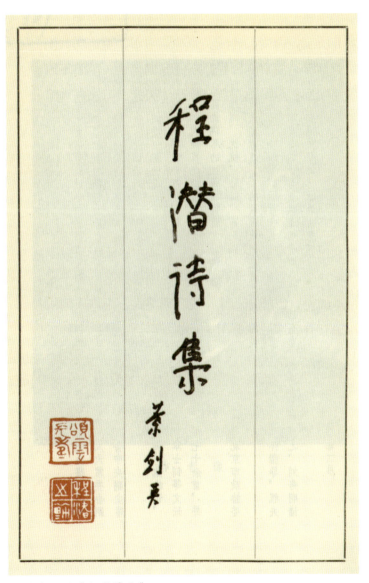

叶剑英题写《程潜诗集》

恭送总理北行

1924年

朝乾明峻德，夕惕厉悲心。至人握灵枢，大地扬妙音。
如日炳维络，其光首东南。炎炎暨中外，赫赫照古今。
荣名非所宝，博爱己为任。万殊原一本，冤亲与共函。
物类竞争夺，海宇弥云昙。斯民竞何辜，久困将不堪。
谁谓河朔远，亟恩雨露霑。兹行体天意，万国新观瞻。

六十生日

1942年

白日安可系？奄复值降辰。我生已周甲，来者日以亲。
既伤须发白，复感齿牙残。屈申易困倦，登陟弥辛艰。
浮世本如寄，傥能金石坚？成坏理之常，夭寿人何权？
老聃患有身，仲尼悲逝川。所期匪存己，素行宁问年！

原载《程潜诗集》1984 年 8 月

部分印章

 小窗雪月梅花

 养复园

 颂云

 流云吐花月

 程潜之简

 乔木生夏凉

 乐天知命 何用不藏

 程潜翰墨

 穷理尽性 无恶于心

回忆与怀念

在民革中央纪念程潜、邵力子同志诞辰一百周年大会上的讲话（节选）

屈 武

各位领导、各位同志：

今天民革中央在这里举行纪念大会，纪念程潜同志和邵力子同志诞辰一百周年。程潜、邵力子都是民革中央已故的领导人，一位是副主席；一位是中央常委。他们出生于清朝，早年都曾追随孙中山先生进行民族、民主革命，参加过第一、第二次国共合作，后来，作为国民党著名代表人物投身于人民革命斗争的行列，为新中国的革命和建设奋斗了终生。这两位老人经历过清朝、民国、中华人民共和国三个不同的时代，有着丰富的阅历，他们爱国的、革命的一生，给我们留下了深刻的印象。今天，我们怀着崇敬的心情，缅怀他们一生的事迹，纪念他们的百周年诞辰，是有重要意义的。

我首先要简要地介绍一下程潜、邵力子两位同志的生平事迹。

程潜，字颂云，1882年出生于湖南醴陵。他在青年时代就投身于民主革命的洪流，1904年考取官费，去日本东京留学，在那里结识了黄兴、宋教仁等许多从事反清活动的革命学生，并加入了孙中山先生创建的同盟会。1908年12月，程潜从日本陆军士官学校毕业回国，受同盟会的委派入川训练新军。1911年10月辛亥革命爆发，他前往武昌，在黄兴领导下，参加了著名的武汉保卫战，担任龟山炮兵阵地指挥，为保卫首义之区的第一个革命政权，推动各省的起义，作出了贡献。

辛亥革命的胜利果实，被帝国主义支持的北洋军阀篡夺以后，程潜同志积极参加了孙中山所领导的讨袁护国、护法战役。1913年，他在湖南任军事厅长，积极组织兵力参加讨袁。1915年12月，袁世凯称帝，程潜奉孙中山之命，由日本回国参加讨袁，他在昆明得到云南护国军军政府的帮助，率领一个营的军队进入湖南，一举攻克靖县，招抚各部兵力，被推举为护国军湖南总司令，通电宣布湖南督军汤芗铭的罪状，率领护国军大败汤部于宁乡县的道林。程潜在"讨袁驱汤"中负有盛名。1917年8月，孙中山又派程潜自广东回到湖南运动护法，得到湘军的支持，又推他为湖南护法军总司令。

程潜同志不愧是一位中山先生的得力助手。1922年5月，孙中山发觉陈炯明与北方军阀勾结，有叛变阴谋，曾派陆军总长程潜、内政总长居正与陈炯明谈判，进行劝阻。6月16日，陈炯明公开叛变，围攻总统府，孙中山先生避登永丰舰，号召各军讨伐陈逆，任命程潜为讨逆军总司令。在中山先生的领导下，程潜指挥粤、滇、湘、桂各军合力把陈炯明叛军驱逐出广州。以后，程潜还率领部队平定了军阀沈鸿英的一次叛乱。参加过镇压杨希闵、刘震寰在广州的叛乱等。

1925年孙中山先生逝世以后，程潜同志继续拥护中山先生确定的"联俄、联共、扶助农工"的三大政策，以实际行动与共产党合作。1926年北伐，程潜担任国民革命军第六军军长，著名的共产党员林伯渠同志为该军党代表兼政治部主任。程潜真诚地与林伯渠为首的共产党员们合作共事，抵制破坏国共合作的言行。在北伐进军中，程潜同志领导的第六军，配合国民革命军第四军攻打武汉，在江西与军阀孙传芳作战，并于1927年3月攻克南京。当时英、美等帝国主义者在江面用炮艇向南京轰击，妄图阻止北伐进军。程潜领导的第六军英勇还击，打击了帝国主义的嚣张气焰。

1937年"七七事变"发生后，中国共产党号召团结一致抗日，积极地倡导和组织抗日民族统一战线，出现了国共两党第二次合作的新局面。程潜毫不犹豫地投入了这场神圣的抗战，他担任第一战区司令长官，拥护国共合作，积极抗日。在指挥作战中，程潜身先士卒，英勇作战，一次，日军逼近河北省漳河一带，他下令坚守阵地，自己预先立下遗嘱。坚定地说："大敌当前，有进无退。中国虽大，也没有多少地方可退了。战死在阵地上是最光荣的!"经过苦战，终于获得了这次战斗的胜利。

1939年，程潜一度担任军委会西安行营主任，曾掩护一些共产党员、进步人士从事抗日活动，为人民做了有益的工作。

1940年，程潜同志到重庆，继李济深同志之后，接任战地党政委员会副主任委员职务。这期间，周恩来、林伯渠等中共领导同志常去看望程潜，共商国家大事。中国共产党关于坚持抗战、反对投降；坚持团结、反对分裂；坚持进步、反对倒退的政治主张，广大共产党员英勇抗战的模范行动，使程潜同志深为感动。1945年8月，为了尽一切可能争取和平、制止内战，毛泽东主席一行从延安飞抵重庆，参加国共和平谈判。程潜同志期望着光明，在山城重庆热情迎接毛主席，并到毛主席的住处去拜访，毛主席也回访了程潜同志。

后来，国民党反动派公开撕毁了政协决议，发动了全面内战。1948年7月，程潜回到湖南任省政府主席。这一时期，程潜内心充满着矛盾：他目睹国民党反动政权日益孤立，濒于崩溃，特别是对于家乡人民受苦受难感到痛心，试图逐渐脱离南京反动政府的控制，实现湖南局部的和平，但是，又感到处境困难。1949年4月10日，中国共产党代表团同国民党政府代表团举行谈判，拟定了《国内和平协定》，又遭到南京国民党反动政府的拒绝。人民解放军开始向未解放的地区大举进军，百万雄师过大江，南京、上海、武汉等大城市先后解放。这时，程潜同志毅然响应中国共产党的号召，在他领导下，抵制住了顽固派的非议、反对和破坏，经过周密的筹划，采取了应变措施，于8月4日，和第一兵团司令陈明仁领衔率部在长沙起义。这一革命行动，受到全国人民的赞扬。8月下旬，程潜一行奉召到北京，毛泽东主席、周恩来、林伯渠同志等亲临车站迎接，高度评价湖南起义之举。程潜领导的这次起义，打破了国民党政府企图在华南另建政府的计划，对于促进西南各省国民党将领的起义，加速国民党统治的崩溃，也起了推动作用。

程潜同志投身于新中国的革命和建设以后，他个人的历史展示了新的光辉一页。1949年9月，他出席了在北京召开的中国人民政治协商会议第一届全体会议，参加了中央人民政府的建立。同年11月，他和张治中、邵力子等原国民党著名代表人物加入了民革，并被选为民革中央常委，参加了民革中央的领导工作。后来，程潜同志先后担任了中南军政委员会副主席、湖南省省长、全国政协常委、全国人大常委会副委员长、国防委员会副主席、民革中央副主席等领导职务。

多年来，程潜同志在中国共产党的领导下，认真负责，积极工作，他时刻关心新中国的革命和建设，积极参加国家重大政治事件的协商。在湖南，他努力贯彻党的统一战线政策，团结、帮助原国民党军政人员一道进步，在民革中央，他协助何香凝主席主持日常领导工作，认真负责，团结同志，在领导各项工作中发挥了较好的作用。

程潜同志活到老，学到老，平时严格要求自己，注意进行思想改造。他常常勉励别人：跟上时代，不断进步。程潜同志生前十分关心台湾回归、实现祖国统一大业。他多次著文、写信、发表谈话，寄语台湾及海外故旧，希望他们为祖国统一大业尽心献力。总之，程潜同志一生不断进步，从参加旧民主主义革命到投身新民主主义、社会主义革命，经历了严峻的考验。他走过曲折迂回的道路，终于找到了光荣的归宿，为新中国的革命和建设作出了自己的贡献。

赤诚爱国　前进不懈——纪念程潜副委员长诞辰一百周年

李世璋

今年是孙中山先生的得力助手、原国民党著名爱国将领、民革中央副主席程潜诞辰一百周年。程潜同志的一生是爱国的、革命的一生，他活到老，学到老，工作到老，随着时代的进步而进步。他那种赤诚热爱祖国、不断追求进步的精神，使我深深地怀念和敬佩。

中山先生的得力助手

程潜，字颂云，1882年出生于湖南省醴陵。他亲身经历过我国近代史上多次的内忧外患，在青年时代就抱定救国救民的理想，投身于民主革命的洪流。1904年，他以官费去日本东京留学，在那里结识了黄兴、宋教仁等许多从事反清活动的革命学生，并加入了孙中山先生创建的同盟会。

1908年12月，程潜从日本陆军士官学校毕业回国，受同盟会的委派入川训练新军。1911年10月辛亥革命爆发，他前往武昌，在黄兴的领导下，参加了著名的武汉保卫战，担任龟山炮兵阵地指挥。这场为时一个半月的阳夏之战，有效地保卫了首义之区的第一个革命政权，对促进全国的革命发展起了积极的作用。

辛亥革命的胜利果实，被帝国主义支持的北洋军阀篡夺以后，程潜同志积极参加了孙中山所领导的讨袁护国、护法诸役。1913年，袁世凯解散议会后，孙中山号召革命党人起来讨袁，这时在湖南任军

171

事厅长的程潜，积极响应参加讨袁。1915年12月，袁世凯称帝，国内掀起了一次新的反袁浪潮，程潜奉孙中山之命，由日本东京回国参加讨袁。他在云南得到护国军军政府的帮助，率领一个营的军队进入湖南，一举攻克靖县，被推举为护国军湖南总司令。程潜通电宣布湖南督军汤芗铭的罪状，并率护国军大败汤部于宁乡县的道林，由此，他在"讨袁驱汤"中颇负盛名。1917年8月，孙中山在广州成立护法军政府，与北洋军阀对峙。孙中山派程潜自广东回到湖南运动护法，得到湘军的支持，他又被推为湖南护法军总司令。

1922年5月，孙中山发觉陈炯明与北方军阀勾结，有叛变阴谋，曾派陆军总长程潜、内政总长居正与陈炯明谈判，进行劝阻。6月16日，陈炯明在广州公开叛变，围攻总统府，炮击中山先生住所。孙中山避登永丰舰，号召各军讨伐陈逆，任命程潜为讨逆军总司令。在中山先生领导下，程潜指挥粤、滇、湘、桂各军合力把陈炯明驱逐出广州。不久，程潜又率领部队平定了军阀沈鸿英的一次叛乱。1925年，他还参加讨伐陈炯明的东征和镇压杨希闵、刘震寰在广州的叛乱。多年来，程潜忠诚不渝地追随中山先生，率部参战，屡立战功，在风云突变的时刻，他立场坚定，毫不动摇，不愧是一名中山先生的得力助手。

拥护三大政策　参加国共合作

孙中山先生1925年逝世以后，程潜同志继续拥护中山先生确定的"联俄、联共、扶助农工"的三大政策，以实际行动与共产党合作。1926年北伐时，程潜同志担任国民革命军第六军军长，著名的共产党员林伯渠同志为该军党代表兼政治部主任，一批共产党员和共青团员是第六军的骨干。那时，我在第六军做部队政治工作，亲眼看到程潜真诚地与林伯渠等共产党员合作共事，抵制破坏国共合作的言行。记得有一次，国民党内的右派要求交出第六军共产党员的名单，程潜声色俱厉地拒绝说："只要是能打军阀的，都是好战士，我就要用！"不准他们查问将士的政治身份。

在北伐进军中，第六军先是配合国民革命军第四军攻打武汉，随即转战江西与军阀孙传芳开战，并于1927年3月攻克南京。这时英、美等帝国主义者乘机捣乱，在江面用炮艇向南京轰击，妄图用炮火来阻止北伐进军。程潜同志领导的第六军为了保卫人民财产，进行自卫还击，大长了中国人民的志气，打击了帝国主义的嚣张气焰。在这段戎马生涯中，我与程潜同志建立了革命友谊，他胸怀韬略，谦恭下士，坚决地反对军阀、反对帝国主义，给我留下了深刻的印象。

1927年，蒋介石、汪精卫先后叛变革命，天空中霎时出现反共、反人民的乌云。程潜不做有损于革命利益的事，并保护了一些共产党员，这尤为难能可贵。

1937年7月，卢沟桥事变发生后，程潜毫不犹豫地投入了抗战。开始，他担任第一战区司令长官，驻在郑州。当时，有这样一件事，至今我记忆犹新：平津沦陷后，一批爱国学生相继流亡到了郑州，他们饥寒交迫，露宿街头，我当时在司令长官部任秘书长，就向兵站总署联系，给这些学生发了救济粮和棉衣。程潜同志对我说："这件事你办得好！"并同意收容了五六百名流亡学生。这批学生经过短期训练，给予指导员名义，派到河南各县，深入农村开展民运工作，宣传抗日，组织武装，训练民众，保卫家乡，对于组织民众、抵抗日寇作出了贡献。

程潜同志在指挥作战中，身先士卒，英勇抗击日军。记得日军逼近河北省漳河一带时，程潜下令坚守阵地，自己并预先立下了遗嘱。他曾对我们说："大敌当前，有进无退。中国虽大，也没有多少地方可退了。战死在阵地上是最光荣的！"经过多日苦战，援军来了，终于扭转了战局。

1939年，程潜一度担任军委会西安行营主任，这期间，他掩护一些共产党员、进步人士从事抗日活动，对人民做了有益的工作。

1940年，程潜同志到重庆继李济深同志之后接任战地党政委员会副主任委员职务。那时，我也在重庆。记得，他的住家在上清寺附近，离八路军驻渝办事处不远。周恩来、林伯渠等中共中央领导同志常去看望程潜，共商国家大事。中国共产党关于坚持抗战、反对投降；坚持团结、反对分裂；坚持进步、反对倒退的政治主张，和广大共产党员英勇抗战的模范行动，使程潜同志深为感动。

抗日战争胜利后，身受长期侵略战争苦难的中国人民，迫切要求和平、民主，反对蒋介石的内战和独裁政策。1945年8月，中共中央发表了《对目前时局的宣言》，提出了和平、民主、团结的建国总方针，充分表达了全国人民的共同愿望。为了尽一切可能争取和平、制止内战，毛泽东主席一行从延安飞抵重庆，参加国共和平谈判。程潜同志期望着光明，在山城热情迎接毛主席，并曾到毛主席的住处桂园去拜访，毛主席也回访了程潜同志。当时，我有幸看到他们两人谈笑风生、愉快相处的情景，至今回忆起来，仍然历历在目。

率部起义，献身于新中国的革命和建设

1946年3月，国民党反动派公开撕毁了政协决议，接连制造事端破坏停战协定，发动了全面内战。

1948年7月，程潜回到湖南任省政府主席。当时，程潜内心充满了矛盾：他对于湖南家乡兵连祸结、人民受苦受难感到痛心，并试图逐渐脱离南京反动政府的控制，谋求实现局部的和平，"使湖南人民免于炮火的灾害"，但又感到处境艰难。1949年人民解放军开始向未解放的地区大举进军，百万雄师跨过长江，南京、上海、武汉先后获得解放。这时，程潜毅然响应中国共产党的号召，决心投身人民革命的行列。在他领导下，不顾顽固派的非议和反对，经过周密的筹划，于8月4日，和第一兵团司令陈明仁一起，在长沙宣布起义。

这一革命行动，受到了全国人民的称赞。毛泽东主席、朱德总司令向程潜、陈明仁将军及全体起义将士发出贺电。电文说："诸公率三湘健儿，脱离反动阵营，参加人民革命，义声昭著，全国欢迎，南望湘云，谨致祝贺。"希望他们"力求进步，为消灭残匪、解放全国人民而奋斗"。8月下旬，程潜一行奉召到北京，毛泽东主席、周恩来、林伯渠同志等亲临车站迎接，高度评价湖南起义之举，并设盛宴

欢迎程潜一行。当时，我也参加了这次宴会，为老朋友作出的革命贡献衷心地祝贺。这次和平起义，不仅带来了湖南全省的和平解放，对于促进西南各省国民党将领的起义，加速南方国民党统治的崩溃，也起了推动作用。

程潜同志投身于新中国的革命和建设以后，他个人的历史展示了新的光辉一页。1949年9月，他出席了在北京召开的中国人民政治协商会议第一届全体会议，参加了中央人民政府的建立。同年11月，他和张治中、邵力子等原国民党著名代表人物加入了民革，并被选为民革中央常委，参加了民革中央的领导工作。后来，程潜同志担任了中南军政委员会副主席、湖南省省长、全国政协常委、全国人大常委会副委员长、国防委员会副主席、民革中央副主席等领导职务。

多年来，程潜同志在中国共产党的领导下，认真负责，积极工作。他时刻关心新中国的革命和建设，积极参加国家重大政治事件的协商，努力作出自己的贡献。在湖南工作期间，他热心家乡的建设，并协助党贯彻统一战线政策，团结、帮助原国民党军政人员一道进步。在民革中央，他协助何香凝主席主持日常领导工作，认真负责，团结同志，在组织领导各项工作中，发挥了较好的作用。

程潜同志热爱中国共产党，热爱社会主义祖国，对于新中国取得的每一项成就，他无不欢欣鼓舞，并曾多次著文或发表谈话，对革命事业深情讴歌。1961年7月1日，庆祝中国共产党成立四十周年，程潜同志发表文章说："只有经过共产党领导的新民主主义革命，建立人民民主专政的政权，并由此过渡到社会主义社会，中国才能摆脱贫困和落后，找到真正的出路。经过迂回曲折的道路，我终于认识了中国共产党，投身到党所领导的人民民主统一战线的行列中来，并在这个伟大事业中，贡献自己的一份力量，庶几无负当年爱国的一番热情和抱负，我以此感到幸福和自豪。"

程潜同志平时严格要求自己，不放松自己的思想改造。他还常常勉励别人：跟上时代，不断进步"天行健，君子以自强不息"。他多次跟民革同志谈到，作为民主党派的一名成员，要努力做好本职工作，积极投身社会主义革命和建设，还要认真学习马列主义、毛泽东思想，提高自我改造的自觉性，鼓励大家淬励奋发，不断上进。

程潜同志生前十分关心台湾回归、实现祖国统一的大业。他多次著文、写信、发表谈话，寄语台湾及海外的故旧，向老朋友、老部下诉述追随中山先生革命的初衷，回顾参加第一、第二次国共合作的往事，希望他们本着"爱国一家、爱国不分先后"的精神，共同为祖国统一大业作出努力。

程潜同志从参加旧民主主义革命到投身新民主主义、社会主义革命，经历了严峻的考验，他走过曲折迂回的道路，终于找到了光荣的归宿，参加到中国共产党领导的新中国建设的伟大行列，并且作出了自己的贡献。

今天，我们伟大祖国已经进入了一个新的历史时期，在当前的大好形势下，我们要振奋革命精神，竭智尽力，为祖国的现代化建设和统一大业多作贡献。我认为，这就是对程潜同志的最好的纪念。

原载《人民日报》1982 年 6 月 26 日

《程潜诗集》题记

赵朴初

深郁而永扬，无异阮嗣宗。风华而天秀，实与大谢同。

赵叟非谀者，评语出至公。良由所立大，风操劲且崇。

典雅而敦厚，进退为世隆。英华掞积久，豁尔能贯通。

谁知三军帅，诗亦一代雄！

（来源：《程潜诗集》，黑龙江人民出版社 1984 年）

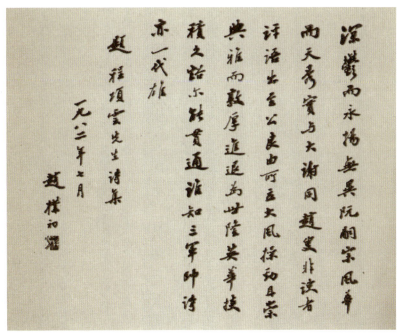

赵朴初亲笔题记

【回忆与怀念】

随父亲程潜参加毛主席生日宴

程　熙/口述　吴睿娜/撰稿

　　我的父亲程潜和毛主席是老乡，私交一直很好，在1945年秋重庆谈判时，毛主席还曾专门到家里和父亲深谈，并在许多方面有了共识。当时父亲就向毛主席透露，内战是不可避免的，让主席赶快撤离。1949年新中国成立后，父亲曾担任全国人民代表大会常务委员会副委员长、湖南省省长等职。主席一直尊称我父亲为"老上司"。武昌起义爆发后，毛泽东决定弃笔从戎，于是他成了湖南新军的一名普通士兵。当时，我父亲是湖南督军府的参谋长、军事厅长。毛主席曾说："枪上肩、枪放下、瞄准、射击等那几下子，还是从程颂公（程潜）指挥的新军那里学来的。我当时还拜访过你，还记得吗？"我父亲说："当然记得。"毛主席是不主张贺寿的，但他每年会请好友到中南海吃顿饭。他61岁到70岁之间的几次生日，父亲都带我参加了，吃饭的还有主席的家人，王海容和她的爷爷王季范。自60年代开始，章士钊、章含之也参加了。每次主席的生日宴，也是我聆听他想法的好机会。他的很多思想也影响了我的一生。

同游十三陵，主席叫我"小康熙"

　　1954年的一个周六，我父亲来北京开会。他告诉我，明天主席要去十三陵，带我一起去。我听了兴奋得一晚上没睡着。第二天，父亲带我到了主席住的四合院，在中南海的颐年堂。当时的场景就像电影演的一样，几个长沙发摆在屋里，我们就坐在那儿等。我的心跳得像个小兔子，慌慌的。海容和她的爷爷王季范也坐在那儿。一会儿，主席来了，他笑嘻嘻地和每个人握手。走到我面前时，他笑眯眯地低下头问："叫什么？"我当时紧张地连话也说不出来了。父亲在一旁说："他叫程熙。"主席问："哪个xi？"父亲说："康熙的熙。"主席说："小康熙皇帝。哈哈，就叫小康熙吧！"以后主席见我，从来不叫我名字，就叫"小康熙"。主席很热情地握了我的手。这时，我又从心里感到他不是那个高高在上的伟大形象，

毛泽东（左二）、程潜（左三）、王季范（左一）、程星龄（右一）同游十三陵（来源：《程潜墨迹诗文选集》，中国社会科学出版社2014年）

而是慈祥、诙谐、平易近人的长辈。主席歇了一会儿就开始抽烟了。他是烟不离手的。"有你们在我就有烟。"说着他从桌上拿起一包烟装到了兜里。后来我才知道，对主席的抽烟是有限制的，每天有一定的量。抽完烟，他起身说："我们走吧。"我们就各坐各的车，开赴十三陵。我特别关注主席的一举一动。到了十三陵，主席拿了一根大竹竿当拐棍，而我父亲和王季范都是拿着手杖。主席拿着棍子幽默地说："我们向明成祖讨饭来了。"等我们走到陵道上，毛主席低下头对我说："小康熙，你去给明成祖鞠个躬，代表我啊！"我就跑过去到明成祖的墓前鞠了一个躬。毛主席对明成祖还是很敬重的。他评价朱棣在皇帝中算是有魄力的，是朱棣把首都迁到了北京，派郑和下西

洋，并编写了《永乐大典》。中午我们就在那儿野餐。工作人员把几个八仙桌拼成一个大桌子，又弄了些藤椅板凳。大家就围成一桌吃。在座的小辈儿里，一共有五个孩子，李敏、李讷、海容、我和叶子龙的女儿，叶子龙的女儿比我还小。主席对我们几个说："你们不要像地主啊，还要人夹菜。你们自己吃，想吃什么夹什么。"其实吃的也一般，按现在的标准就是食堂饭。这次出游，有一件事情我记在了心里。那就是主席和我父亲讲到了抗美援朝。由于当时国家一穷二白，百废待兴，很多人不理解为什么又要打仗。毛主席说："抗美援朝是有人不同意的，程老你呢？"我父亲说："我支持你啊。"毛主席就讲："有时候，真理掌握在少数人手里。为什么要抗美援朝？唇亡齿寒啊！美国人有什么，我以前常说美国人是纸老虎，纸老虎就要用真老虎来打。我是和尚打伞——无法无天了。我就不信打不垮他们！美国也没什么可怕的！他们有武器军备，而我们有精神，全国人民团结一心，才是不可战胜的力量。"我和主席一共出游过两次，还有一次是去官厅水库。每次他都拿根竹棍。

从念师范到学画画，主席的话影响我一生

我初中毕业那年（1956年），主席在他的生日宴上谈到了教育问题，而他说的话也影响了我的一生。主席说，他曾当过小学教师。一个人带三个班，分别是一年级、二年级、三年级。给一年级上课的时候，剩下两个年级的休息或上自习，给三年级上课，另外两个年级上自习。我听着觉得不可思议，一个老师怎么可能教这么多班。主席说："农村的很多地方，到现在还是一个老师教好几个年级。要想把教育搞好，首先要培养师资。"他就问："你们谁愿意念师范啊？"我立刻就举手说："我愿意！"就这样，我念了幼师中的普师班，念了第三师范学校，后又转到第二师范。但在实习课的时候，我讲课，学生在底下闹。下课了学生打唾沫架，我去劝架，结果吐得我一身。我发现自己实在不是当教师的料。无奈，我给父亲写了封信。说我从小就喜欢剪纸、画画，我还是画画吧。父亲回信说，那你就易学吧。

那时，我每周日都会去总政文工团的傅钟将军家看电影。当他得知我想学画，就拉着我找到了画家黄胄，黄胄又把我介绍给了北京画院的崔子范院长。正好北京画院有个中央美院的毕业进修班，我就进了这个班学画。我被分到胡絜青、王雪涛、马晋等花卉组。王雪涛后来的学生很多，中央文史研究馆的金默如、刘继瑛馆员都是他的学生。有一次花卉组开会，山水组的一个党员画家颜地老师也在。他看了我的气质，又拿起我的画看了许久说："很多女画家都画花卉，你不要画花卉了，画山水吧。要拿出六年时间好好学，你一定能成。"从此，我就跟着颜地学画。但这是一个艰难的事，画好山水要读万卷书，行万里路，过去的女孩子是很难做到的，吃不了苦是无法成为一个好的山水画家的。颜地给我布置的作业很多，也独具风格。他要求我学习毛主席的《矛盾论》《实践论》，背《论语》，读韩文、柳文、唐诗、宋词。毛主席也曾对我说过："你要画画，散文是要读的。柳宗元的《小石潭记》，韩愈的《师说》，都很有逻辑性，文章写得很好。"主席还特别推崇鲁迅的文学作品，他认为鲁迅把国人的特点研究得非常深刻，真正写出了国民性。我喜欢画画的过程，那是一种精神的享受。艺术需要积淀。我从画院借来了许多书籍，俄国、法国、英国、美国那些名家的小说我也都读了。后来，我又有幸拜唐云、李可染等画家为师。李可染非常喜欢我，但他起初并不想收我这个女徒弟。他指着楼下的一棵树说："那儿有棵树，你去画吧。"和我一起画树的还有刘少奇的女儿，我从早上8点一直画到11点，画好后拿给他看，他挺感动的。对我说："作画就是要能坚持，几个钟头坐下来看你坐不坐得住。"其实做任何事都是很辛苦的，要有毅力坚持才能出成绩。唐云先生又带我拜山水画家赖少其先生为师。正好赖老要上黄山写生，我就跟他上山了。他裁了16张纸给我，我就老老实实地画了16张画。等我画完拿给赖老看，他感动了。下山的时候，我发烧了，头滚烫滚烫的，赖老给我讲了他的经历，我才知道他的不容易。这些老师的言传身教，让我受益匪浅。他们都对我说，作画千万不能被名和利所累，这样才能有成就。我觉得这话是对的。所以，我虽然学了

【回忆与怀念】

画，但我没有拿画画当职业。

父亲和章士钊先生为主席祝寿

1963年12月26日，是毛主席七十寿辰。常说"人生七十古来稀"。那年年初，父亲就与同乡章士钊先生一起商议，想为毛主席祝寿。但主席有规定，不许给他祝寿，如何既不违反这一规定，又能表达祝寿的心愿呢？再三商榷，父亲决定写一组七律，给主席一个惊喜。在他专心写诗的日子里，我每天都会看到他逐字逐句地斟酌，反复推敲、吟诵和修改，当他反复吟诵时，我才得知诗原来是可以这样来吟唱的。1963年夏，父亲终于完成了12首七律组诗的创作，这绝对是父亲晚年的呕心沥血之作。8月底，父亲就开始用隶书体书写这12首诗。看似容易的书写，对父亲来说却极为不易，因为1939年3月7日他曾在西安中过日本人的毒气弹，当时他被活埋在长安行营的地下防空指挥所中，虽抢救及时捡回一条命，但终因大脑神经受损害，患上了"帕金森综合征"，拿筷子、拿笔，手都会颤抖。父亲以极大的毅力克服手抖，完成了书写，最后选出三份他比较满意的作品。手稿送到北京荣宝斋装裱成三本册页，其中一本用中国红金丝缠花云纹图案锦缎面料，极为亮丽喜庆，另外两本则用的是普通锦缎。每本册页都有章士钊先生亲笔书写并加盖印章的题"为毛泽东主席七十大寿祝诗"。父亲在诗后签署的日期是：一九六三年国庆日造，署名：程潜，并加盖了自己最中意的印章。那年他整81岁。主席七十大寿那天，他特意摆了两桌家宴，除了亲人，只邀请了几位湖南同乡，其中有父亲、章士钊和毛主席的表兄王季范及叶恭绰先生。小辈里有章含之、王海容和我参加。我则准备了花卉剪纸作为生日礼物送给主席。那天的家宴办得十分丰盛，桌子上摆满了湖南家乡菜。毛主席那天十分高兴，特意叫厨师为我父亲加了豆豉炒辣椒和熏鱼，这是他平日最喜欢吃的两样菜。席间，不擅喝酒的父亲也频频举杯，祝主席健康长寿。饭后主席还提出要单独和父亲、章老拍照留念。

风雨前夜，最后一次参加主席的生日宴

令我印象最深的一次则是1965年主席的生日宴。当天因为江青要和彭真谈一个有关戏剧的问题，去北京市委还没回来，大家就在主席的客厅里一面聊天一面等她。以前的生日聚会，江青很少参加，我都觉得很放松。记得那天主席好像是在思考着什么问题，他对父亲说："你们来了我很高兴，现在能交谈的朋友越来越少啦！"谈了一会儿又对父亲说："颂公，你要辞去湖南省长的请求，中央几个人讨论过了，觉得在湖南只有你的威望还镇得住，你还要继续干，哪怕挂个名也可以。"那天周世钊也去了，他是主席原来在湖南第一师范的同学，他说起同是师范的一个同学现在生活困难。我父亲就提出可以每个月给他补贴（毛主席曾亲自特批了每月5万斤大米，作为父亲的特别费，以应酬旧部，由他随时支用）。主席就说："不用你，我来，我有稿费，反正我也不用。"主席还问起了我学画的事，说齐白石、徐悲鸿的画很好，要我好好学习。他对我们几个孩子说，你们读过林觉民的遗书没有？我佩服林觉民，他为理想牺牲了。说到这里，他又扭过头对父亲等人说，现在真正学马列的干部不多，天天坐在办公室里听汇报，拿鞭子赶他们下乡，他们都不去。当时全国正在开展"四清"和"社教"运动，我猜主席可能指的是这件事。后来话题转到了章士钊写的《柳文指要》上面，两个人谈了许多学术问题，我基本上听不懂。我看到桌上放着约有一尺多高的、用毛笔写的《柳文指要》原稿，是主席看完了准备还给章士钊的。这时江青进来了。她一进门，跟大家打了招呼，又对主席说："彭真问你生日好。"随后她坐下来听大家谈话，还拿了个垫子，说是腰痛。这次家宴是两个圆桌，客人一桌，工作人员一桌，两桌相隔不远。菜很清淡，有笋，有青菜，没有红烧肉，但有炸乳鸽和烤鸭。我挨着江青坐，江青说她不吃炸乳鸽，就把鸽子夹到我碗里。我就吃了，挺香的。打这以后，我父亲要再见主席就难了。吃完饭，快要离开时，父亲希望主席少抽点烟，改成抽雪茄也好。主席回答说："我抽烟有限制，可不抽烟不能

183

思考问题呀。"那天主席一直把我们送到了院门外。汽车开动时，我看到主席目送着汽车，又挥了挥手。

　　这也是我最后一次见主席。

原载《世纪人物》2016 年第四期

为毛泽东主席七十寿辰祝寿记事

程　瑜

　　1963年12月26日是毛主席的七十寿辰，常说："人活七十古来稀"，那年年初，父亲就与同乡章士钊先生一起商议，想为毛主席祝寿。但是早在新中国成立初期毛主席就规定了不允许给他祝寿，如何既不违反这一规定，又能表达他们为主席祝寿的心愿呢？再三商榷，决定发挥各自的特长，以诗词的形式自选格律写出他们的祝愿。商定好后又邀请叶恭绰、马一浮两位老先生参与此事，准备给主席一个意外的惊喜。

　　父亲在他的卧室兼书房中冥思苦想、废寝忘食，最终完成了一组12首七律——为《毛泽东主席七十大寿祝诗》。

　　我已记不清父亲何时动笔，唯一印象深刻的是他弃易择难，选用七律来书写情怀。从父亲早年出版的线装本《养复园诗集》可知，他最善写五言古诗，诗集中也有四言古诗和七言乐府诗，可就是没有七言律诗。记得父亲曾教我诵读杜甫的《秋兴八首》，那时他已经年80周岁，他清楚流利地一口气背诵了8首七律，令我敬佩不已，而是否是受杜甫的影响，采用七言律诗的形式来写祝寿诗，如今已不得而知。

　　在他专心写祝寿诗的日子里，我每一天都会看到他逐字逐句地斟酌、反复推敲、吟诵和修改。当他反复吟诵时，我才得知诗原来是可以这样来吟唱的，我常常好奇地倾听，反复翻看他的诗稿。从1955年开始，每年夏天国管局都会安排我们全家去北戴河海滨。1963年夏去北戴河度假之前，父亲终于写完了祝毛主席七十寿辰的组诗，这绝对是父亲晚年的呕心沥血之作。

那年暑假，我们家住在中海滩22号，假期期间，父亲显得很轻松，天气好时就下海泡泡海水、晒晒太阳，还时常耐心地给我讲解每首祝寿诗的内容和含义。很快，我不仅能熟练背诵这12首祝寿诗，也深深地喜爱上了中国古典诗词格律。

8月底回北京后，父亲就开始用隶书体书写这12首诗。看似容易的书写，对父亲来说却极为不易，因为1939年3月7日他曾在西安中过日本人的毒气弹，当时他被活埋在长安行营的地下防空指挥所中，虽得及时抢救捡回一条命，但终因大脑神精受损害，患上了"帕金森综合征"，拿筷子、拿笔，手都会颤抖。爹爹是一名军人，做事从容耐心有涵养，他以极大的毅力克服了手抖，成功完成了书写，最后选出了他比较满意的3份。我对父亲的坚强、认真精神非常佩服。

父亲亲自选出书稿，交由秘书杨慎之送到北京荣宝斋装裱成3本册页，其中最好的一本的封面、封底，采用的是中国红金丝缠花云纹图案绵缎面料，极为亮丽喜庆，另外两本则用的是普通的锦缎。每本册页都有章士钊先生亲笔书写并加盖印章的题"为毛泽东主席七十大寿祝诗"。父亲在诗后签署的日期是：1963年国庆日造，署名：程潜，并加盖了自己最中意的印章。那年他整81岁。

遥想当年，章老、叶老、马老，他们都是八十几岁的古稀老人，他们不仅国学造诣深厚，而且都"历世

程潜在北戴河孟姜女庙前（来源：《程潜墨迹诗文选集》，中国社会科学出版社，2014年）

悠长阅世深",如果不是毛泽东主席的人格魅力使他们由衷地折服,他们怎么可能用心良苦地来写诗写词为他祝寿。正如谚语所云:"鹰有时比鸡飞得低,可鸡永远不会飞得比鹰高。"

秘书杨慎之曾专门负责几位老先生寿礼之事,记得他曾经将这几份手稿送到照相馆拍过照。章老的词写在一幅长手卷上,无机会一阅,所以不知其内容。叶老是用柏黑体写的,题名为"乾元颂"。马老写的是什么已经完全没有印象。"文化大革命"爆发后,杨秘书被召回长沙,经他负责的祝寿诗、词等底片在浩劫后已荡然无存。之后听闻,毛主席病逝后,一批重要文物都被送往中国国家博物馆收藏,成了极为珍贵的历史文物和时代的见证。

几位老先生的寿礼是在毛主席生日前送进中南海的。12月26日毛主席寿诞之日,他特意在自己家里摆了两桌家宴,除了亲人,只邀请了几位湖南同乡,其中有父亲、章士钊先生、叶恭绰先生和毛主席的表兄王季范先生。那一天父亲带了程熙、章士钊先生带了章含之、王季范先生带了王海容参加寿宴。毛主席那一天十分高兴。饭后他提出要单独和父亲、章老拍照留念。

和父亲程潜在一起的日子（节选）

程 欣 | 文图

父亲——生我、养育我、给了我健全的人格和正直品行，是我生命中最重要的三个男人之一，但是当让我认真地回忆他时，感觉却是那样的遥远、模糊。可仔细审视又觉得在我60年的人生历程中，他从来就没有离开过我。父亲去世那年我只有16岁，按照父亲的说法我还只是一个"细丫子"。在我的记忆中我和他几乎没有什么像样的对话，虽然共处在一个两进的四合院内，却是生活在不同的空间里，接触真的是少得可怜。尽管如此，那些留存在记忆中的一点一滴仍如滴水穿石般刻骨铭心。

威严与慈爱

父亲给我最深的印象是不苟言笑，尽管他对我们都是慈爱有加的，记得他为了吸引我到他身边坐坐，常常会拿出一些非常好吃的糖来诱惑我，那是一种里面有果仁、外面包了一层巧克力的糖，即使是今天也算是非常高级的了。可是我仍然很怕走近他，现在回忆起来他真的是具有一种很强的"场"，那是一种威严，一种无形的煞气。使当时幼小而柔弱的我无法穿透那堵无形的墙，去接近他、了解他。尽管他对我们是那样的慈祥，那样的和善，我甚至不记得他对我板过脸。

有一段时期，我被分配住在四合院的东厢房，东厢房的尽头连着一道小的回廊通向车库。记得每当父亲参加宴会回来，路过我的房间，有时会进来看我，这时他会笑着从他的中山装口袋里掏出一个餐巾纸的小包，打开纸包从中拿出一块小点心放在我的手上。看见我高兴的样子他会表现得十分满足。

父亲喜欢京剧，有时他会带我去看戏，那时我还小，看戏时最怕看见大花脸，一有大花脸出来我就会吓得躲到椅子下面，父亲为了安慰我，居然也会抱怨京剧真讨嫌，为什么要把人脸画得这么乱七八糟，吓着了他的女儿。当然他是为了安慰我，不是真的认为京剧的脸谱不好。但他对我们的慈爱可见一斑了。可我还是怕他，不敢在他面前乱说乱动的。

小时候父亲最喜欢我

当然这只是"据说"，其实所有的孩子父亲都喜欢的。我之所以比较特殊是因为我刚出生不久，母亲就随"妇联"的干部们到农村去参加土地改革了。听说当时父亲时常抱着我哄我，还常念念有词地说着："可怜的丫子啊，这么小，娘就不在身边。"在这之前，父亲很少这样抱过他的孩子，我想一来是刚解放，当时他比较闲，二来也是母亲不在身边。但不管怎么说我也许是小时候他抱得最多的孩子吧。

坐在父亲身边吃饭

我们吃饭通常是一家人围坐在饭厅的一张大圆桌和父亲一起进餐，太小的孩子就坐在旁边的一张小的长方桌上由姨呀（阿姨）带着吃饭。记得自从我有资格上大圆桌吃饭，通常是被安排在父亲的旁边。这一安排给我留下了两个后遗症。一个好，一个不那么好。好的是在后来的岁月里，我常被人夸吃饭很优雅、很有大家风范；不好的是，直到今天，我都不喜欢上桌和家人一起吃饭，只要允许我都会夹了菜跑到屋里一边看书或一边听收音机一边吃饭。我也不知为什么会有这样的怪癖，或许和小时候经常坐在父亲身边用餐，比较拘束和紧张有关。当然这有时也会给我带来些好处，由于我比较有规矩，比较有吃相，所以有一次在北戴河，毛泽东的家宴，父亲就带了我去。

父亲给我起外号

我在家里有一个外号叫"十博士"。这是父亲给我起的。其实父亲虽然威严，但骨子里也是很幽默的。记得曾经看过一个回忆录，讲抗日战争时期父亲在洛阳第一战区时的事，里面描述了他的幽默与风趣。当时看的时候感觉有些奇怪，但是仔细想来，在他处的战乱与压抑的年代，实在是很难有机会表现幽默感的。所以他的幽默也只有藏到骨子里去，在家里调侃调侃女儿。"十博士"的由来是：第一，我在姊妹中排行第十；第二，我平素里兴趣广泛，每学一样东西上手极快，一学就会，但又都浅尝辄止没有常性。平时我们与父亲接触很少，不知怎么让他发现的，父亲给我的这个绰号既有褒贬又带调侃，同时洞穿了我的人生特质。虽是玩笑但却十分深刻。

我原来一直为这个绰号感到有些自卑，俗话说七岁看老，是不是父亲早就看到我一生会一事无成？但是现在想来也没有那么严重。其实我们的人生不完全是一定要做成什么事业，学习并从中享受到乐趣并不一定是坏事。父亲在给我起这个绰号时一定不是在责备我。也许在他看来有这么一个没有常性，不学无术的女儿也很好玩。

父亲在吟诗

我们在北京的家是一座两进的四合院，父亲的卧室在正房的靠右手边，连在中间的是他的起居室（私人小客厅），而要到其他正房则必须穿过这间起居室。父亲经常独自坐在那里的沙发上养神，有时也会摇着头"念经"。过去我一直以为他是在念经，现在想来那不是念经，而是在吟诗，我也是在偶然的机会听到吟唱古诗词，可惜这种中国古老的诗词吟唱将要绝响了。记得那时每次我放学回家，想要穿过起居室时，都要偷偷地在门口观察一下，看父亲是不是在，如果在，是不是在闭目养神，当我感觉安全时就会弯着腰轻轻地溜过去。今天想起来真是痛悔不已，真不知为什么小时候那么怕和父亲接触，真的

程潜与夫人及五个女儿：程熙、程瑜、程文、程欣、程丹（来源：《程潜墨迹诗文选集》，中国社会科学出版社，2014年）

是丧失了无数的学习机会啊。那些弥足珍贵的智慧、思想、学问就这样在不经意间从我的生命中流走，没有留下一丝的痕迹。留下的只是父亲那晚年孤独、寂寞的身影和独自吟唱在时空中的回响。不过那时他的学识与当时的社会，与我们在学校受到的教育格格不入，即使当初我不那么怕他，我也未必具有历史的穿透力去接受他。今天回想起来父亲给我最深的印象就是晚年他独坐的身影，无论是在北京起居室的沙发还是北戴河海边的藤椅，还是……我想一个曾经叱咤风云、睿智而饱学的老人，如此孤独地走过了他的晚年，人生的悲哀莫过于此。但是反过来想，抑或是他自愿地选择了这种孤独，抑或是他在这种孤独中怡然自得，享受着浊世中个人灵魂的清凉与自由。以他的睿智与阅历，应该是后者吧。

我吹洞箫

有一次，我不知从哪里搞到一管箫，那段时间里，没事我就在院子里练习吹箫。这时父亲会走过来，对我吹箫非常感兴趣。说我在吹洞箫。其实那不过是一管很小、很短的简易箫，很像是短笛竖起来吹。但是在那个年代，看到女儿在把玩这种高雅的乐器，父亲还是很高兴，并且硬是把一把简易的短箫说成是"洞箫"。也许这箫让他想起了文人志趣，想起了琴、箫的高雅。父亲还告诉我箫不是吹的，是品的。后来读苏轼的《前赤壁赋》，才体会到箫的真正魅力，才明白为什么箫是品出来的。

简朴的生活

在我的印象中父亲日常生活十分简朴，平时在家通常都是穿中式的衣裤，出去一般是中山装。都是只有两三套换洗就够了。在后来翻看父亲自己写的回忆录草稿时，发现那时他用的都是草制的信纸，他用毛笔写的小楷，正面用完后，翻过来在反面再写。想想我们现在对纸张的浪费，真是汗颜。

除夕夜玩拱猪

父亲在晚年最后的日子里最大的乐趣就是和我们一起玩了，那是1967年的年夜，我们这些孩子们聚在父亲卧室旁的起居室玩扑克牌"拱猪"，父亲一直在旁边看我们玩到很晚。后来他累了，自己独自回房去休息，我们大家当时正玩得开心，都没有注意到。结果他不小心摔了一跤，骨折了。从此父亲就没能起来。后来他得了肺炎，随之住院，直至在医院病逝。为此多年来我再没玩"拱猪"。

最后的眼神

父亲在病重被送到医院的那一刻，在担架就要抬出起居室时，我看到父亲的眼睛一亮，我不能妄自揣测父亲当时想了些什么，但是从父亲离开家之前的这最后的眼神中我看到有太多的内容。以至于那个眼神永远定格在我的脑海里，至今都挥之不去。现在当我也有了60年的人生阅历，我开始慢慢读懂了些我的父亲。读懂了在那严肃而不苟言笑后面深藏的灵魂。

不言之教

"是以圣人处无为之事，行不言之教，万物作焉而不辞，生而不有，为而不恃，功成而弗居。夫惟弗居，是以不去。"这是老子《道德经》中的一段话。回想起来，父亲从来没有教导过我们什么，也从来没有对我们有任何的要求。我们是那么自然地长大成人的。但是你不能说他对我们没有教育，我们是在他强大的正气场中长大的。他的行为本身就是我们最好的示范。在我们的灵魂中，在我们的骨子里，始终有着父亲的那股凛然正气。

原载于《文史参考》2010 年第 17 期

程潜与辛亥革命

程不吾

作为程潜的后辈，我对这位叔祖父的历史了解得并不是很多，值此辛亥革命100周年之际，仔细回忆家族中流传的一些故事并翻阅了有关资料，让我觉得程潜一生中真还有很多为世人所不知道的东西，值得我们后人敬仰，草成此文，以飨读者。

孙中山先生的虔诚追随者

我有一张程潜与孙中山先生的可能是存世极少的合影照片，从中可看得出他对孙中山先生的尊重。据考证，这张照片摄于1924年7月

程潜与孙中山

23日，照片中孙中山总统和时任广东省省长的廖仲恺先生、苏联军事顾问鲍罗廷居中，身为国民政府军政部长的程潜毕恭毕敬地站立在左边，在场的军人中，只有他脱了军帽，上身略略向前，两眼虔诚而又专注地看着孙先生，充分表达了对孙先生的敬仰之情。

程潜，字颂云，1882年出生在湖南醴陵北乡官庄一个农民家庭。小时候听父母说，程潜父亲叫程若凤，经济状况最多就是个中农水平，生有三子二女，大儿子叫程吉如（即我祖父），是个农民。二儿子程昭如，农村剃头的。三儿子程月如（即程潜）也是最小的老五。对于这个中农的说法，我一直疑惑在心。直到最近他的女儿程瑜（我的八姑）给我看了她父亲留下亲手写的履历手稿，才得到了证实。其中写的就是"祖父中农，父亲中农，家庭由长兄主持到民国时变为地主，在1949年解放前将所有田土百三十亩捐献于学校"。

程潜幼时就很聪明。据说邻县浏阳县有个地主要找个小孩陪他儿子读书，称为"伴读"，程潜被其看中，自此启蒙。程潜以后埋头读书，饱读诗文，逐渐明事理，识时务，察国情，忧国爱民，一生做出了很多惊天动地的大事情，而他陪读的那位富家子弟却一世碌碌无为。

其实，对程潜来说，人生最大的转折来自22岁留学日本时，遇上了他终身的革命导师——孙中山先生。程潜1904年10月到日本。是年12月就和湖南留学生黄兴、宋教仁、程子楷、仇亮等，云南留学生杨振鸿、唐继尧等，直隶留学生姜登选，江苏留学生章梓、伍崇实，河南留学生曾昭文等共百余人组织了革命同志会，从事民族革命。翌年8月同盟会成立，经仇亮介绍，加入了同盟会。

他初次和孙中山见面就产生了终生不可磨灭的印象，他在回忆录中写道：

我加入同盟会不到几天，仇亮引导我到东京赤坂区灵南坂日人金弥宅，谒见孙中山先生。先生态度和蔼可亲，与同志谈，谆谆不倦，我请面示革命方略，先生指示三点：

一、首先打倒自己脑海中的敌人，抛弃富贵利禄的观念，树立爱

195

国家爱人民的思想，服膺主义，不与敌人妥协；

二、革命军占领地区，必须立即成立政府，以为号召，即使占领地区小至一州一县，亦应如此；

三、慎选革命基地，以发展革命力量。

孙先生言尚未尽，我插问一句："中国如此广大，选择革命基地，究以何处为宜？"

他计摸在胸，不假思索地说："革命必须依敌我形势的变化来决定，如形势于我有利，而于敌不利，则随处可以起义，至于选择革命基地，则北京、武汉、南京、广州四地，或为政治中心，或为经济中心，或为交通枢纽，各有特点，而皆为战略所必争……以上四处，各有千秋，只看哪里条件成熟，即可在哪里下手，不过从现时情况看来，仍以攻取广州，较易为力。"

此外，他还讲了许多有关革命的道理与经过，我都能有所领会。

这次会见对程潜影响极深，虽然以后他在国民政府中任职，直接从属于孙中山先生的领导，有很多机会得到孙先生的教悔，但这次见面刻骨铭心。他说："自从我亲聆这次教海以后，一时思想大为开朗，从此衷心服膺三民主义，并心悦诚服地敬佩先生。此情此景，印象最深，至今不能忘怀。"

程潜成了孙先生及其三民主义最真实的追随者直至终生。他曾经说过："我们坚持孙中山先生之三民主义，至死不渝，不能节外生枝，立异标新。比方说，三民主义是海，我们和黄兴只能算是百川，而百川终归汇于海。"

程潜不但思想上臣服于孙中山，而且在行动上是用生命在保卫着孙中山。1922年6月16日，陈炯明叛乱，围攻总统府，孙中山被迫无奈躲到海上军舰中，危急之时程潜及时赶来保护，登上永丰舰一直陪伴孙先生，几经转移到香港再到上海，直至安全脱险。当时陪伴着孙先生渡过生死难关的国民党元老，一是居正，二是程潜，故有"文有居正，武有程潜"之说。此后孙中山先生对程潜也信任有加，曾有"颂云是血性男儿，他毕竟是可共患难的"之感叹。

辛亥革命的积极参与者

关于辛亥革命，程潜在自己的简历上只是简单地写道："辛亥武昌起义参加汉阳之战。"其实，短短12个字里包含着很丰富的内容，辛亥革命前期他就积极参与组织了长江沿线一带的串联发动工作，在辛亥革命中他毅然投入战斗，担任了武昌保卫战中汉阳龟山炮兵阵地的战地指挥，其中不乏惊险。我找到了他写的回忆和纪念辛亥革命的文章，整理如下：

程潜1908年12月毕业于日本陆军士官学校后，在接受四川总督赵尔巽派调入四川训练新军，充任陆军第三十三混成协中校参谋的同时，暗中受同盟会委派，担任了长江上游联络员的工作。1909年2月，到四川不久，便召集同盟会同志一道开会建立了严密的组织机构。大家推举程潜主持其事。从此程潜开始了在长江上游的革命前期准备工作。

因赵尔巽打算扩编川新军，购买枪炮器材服装的任务交给了程潜。这年11月，程潜率杨瑾、曾广开的采购组从成都出发，经武昌、上海、南京一边采购，一边进行秘密的革命串联。在武昌，见到了统制张彪、协统黎元洪。参观了兵工厂、纺纱厂和陆军三十二标。在武汉逗留期间，得知革命党人在两湖一带活动最力，革命空气十分浓厚，许多青年学生都投入新军，以展其救国的怀抱。湖北陆军中，有蒋翊武等组织群治学社，社员如李六如、杨玉鹏、廖湘芸等，都是思想进步、才能出众的人物。程潜与蒋翊武见面，谈话的内容多为有关革命运动的进行问题。他们相约各自努力。

到达上海时已是1910年的新年。此时同盟会正竭尽全力策动广州新军起义，倪映典率领新军进攻省城，战败阵亡。消息本不好，但毕竟是军队革命起义的开端，令程潜十分兴奋。4月间，采购事务已告结束，程潜告假回湘省亲。

程潜此行，与长江上游和中游、下游的革命党人进行了重要沟通，了解到了革命前国内各地蕴藏的高昂志气，不禁感慨到"万里云程初发韧",革命前途,大可乐观。

1910年冬,四川陆军第十七镇正式成立,程潜任上校正参谋官,并不断发展革命力量,其下属步兵、炮兵、工兵中的一些带兵统带,不是同盟会员便是关系密切者,集蓄的力量不断扩大。程潜是接四川命令赴北京观察秋操的途中,在彰德得知武昌起义的消息的,他"立即决定南下,参加革命,以遂平生之愿"。在武昌,程潜亲自指挥炮兵轰击清军,并参加了极为惨烈的汉阳保卫战。

革命成果的坚定捍卫者

1912年1月1日,孙中山宣誓就任临时大总统,宣告清王朝的覆灭,中华民国成立。

辛亥革命以后,袁世凯复辟、军阀割据,整个中国陷于混乱之中。为捍卫辛亥革命成果,保卫共和,程潜坚定地站在孙中山一边尽职尽力,他的简历草稿上写道:

1913年参加讨袁。

1916年参加护国之役,任湖南湖北司令。

1917年担任护法之役总司令。

1922年任孙中山先生广州大本营军政部长。

1926年任国民革命军第六军军长,北伐。

1927年北伐之役任江右军总指挥。

短短几行字,勾画出程潜在捍卫新生民国政府中作出的贡献。

1915年袁世凯称帝,再度赴日本早稻田大学政治经济系学习的程潜应召回国,任湖南招抚史,率军攻入湖南护国讨袁,被推举为护国军湖南总司令,宣布湖南独立,将袁世凯任命之湖南官吏一律摈弃,誓师讨袁。这时共产党人林伯渠从日本返湘,任湖南护国军总司令部参议,开始了与程潜的合作。

1917年孙中山在广州组织护法政府,程潜任护法军总司令,率部与北洋军阀激战于衡阳、岳阳等地。后相继担任广东大元帅府陆军次长、非常大总统府陆军总长、攻鄂军总司令、广东大本营军政部长。

率兵东征，直至消灭陈炯明叛军。

在第一次国共合作中，程潜认真执行了孙中山先生"联俄、联共、扶助农工"的三大政策，担任国民革命军第六军军长，邀林伯渠任党代表，携手开始北伐，一直战斗到攻占了南京。

在护国讨袁、护法战争、东征北伐中，程潜起了中流砥柱的作用，为粉碎袁世凯复辟封建王朝的美梦，打击军阀割据的势力和维护民国政府的稳定立下了功劳。在这段时间里，程潜还先后与两位革命伙伴结成了亲家，大女嫁给了林伯渠的弟弟林祖烈，三女嫁给了黄兴的儿子黄一球。

（作者为湖南省人民政府参事）

原载《世纪》2011 年第 11 期

【回忆与怀念】

后　记

"民革前辈纪念场馆系列丛书"之一《程潜与长沙白果园公馆》正式出版，与广大读者见面了。该书的出版得到了民革中央领导、程潜后裔、党内外专家学者以及民革湖南省委会、程潜公馆等各方的大力支持。

本书"程潜传略"部分由湖南省政协委员、民革湖南省委会常委、湖南省社会主义学院副院长黄自荣同志执笔。黄院长多年从事多党合作历史、民革党史等方面研究，主编了《民革前辈与湖南和平解放》《武冈黄埔情——黄埔军校第二分校纪念文集》《湖南与辛亥革命》等多部著作，撰写了人物传记《程潜》。为了写好本书"程潜传略"部分，黄院长查阅了大量文献，就很多历史细节进行了详细的史实考据，并在短时间内高质量地完成了近7万字的程潜传略撰写工作，在此表示衷心感谢！

程潜公馆（湖南和平解放史事陈列馆）馆长刘勇，讲解员陈文、刘大庆等三位老师共同承担了本书第二部分——"白果园公馆概说"部分的撰写工作。特别是刘勇馆长积极协调联系各位老师，从基本情况介绍、建筑特点、展陈布局等方面尽可能全面地展现程潜公馆的全貌，并配以大量图片进行呈现。

此外，程潜公馆（湖南和平解放史事陈列馆）为本书提供了大量的资料与图片。程潜先生的后裔程瑜女士、纪彭先生，程潜先生研究者罗振华先生等多位老师为本书提供了十分珍贵的资料和宝贵的建议，丰富了本书的内容。

谨此，向上述各位领导、专家和同志，致以衷心的感谢！

由于缺乏编写经验，本书不足之处在所难免，敬请批评指正。